José Helder de Souza Andrade

Curso de Extensão em Segurança para os Grandes Eventos

Curso de Extensão em Segurança para os Grandes Eventos

Copyright© Editora Ciência Moderna Ltda., 2013

Todos os direitos para a língua portuguesa reservados pela EDITORA CIÊNCIA MODERNA LTDA.
De acordo com a Lei 9.610, de 19/2/1998, nenhuma parte deste livro poderá ser reproduzida, transmitida e gravada, por qualquer meio eletrônico, mecânico, por fotocópia e outros, sem a prévia autorização, por escrito, da Editora.

Editor: Paulo André P. Marques
Produção Editorial: Aline Vieira Marques
Capa: José Renato Zambrano de Souza Andrade
Diagramação: Daniel Jara

Várias **Marcas Registradas** aparecem no decorrer deste livro. Mais do que simplesmente listar esses nomes e informar quem possui seus direitos de exploração, ou ainda imprimir os logotipos das mesmas, o editor declara estar utilizando tais nomes apenas para fins editoriais, em benefício exclusivo do dono da Marca Registrada, sem intenção de infringir as regras de sua utilização. Qualquer semelhança em nomes próprios e acontecimentos será mera coincidência.

FICHA CATALOGRÁFICA

ANDRADE, José Helder de Souza.

Curso de Extensão em Segurança para os Grandes Eventos

Rio de Janeiro: Editora Ciência Moderna Ltda., 2013.

1. Segurança Privada.
I — Título

ISBN: 978-85-399-0405-1   CDD 363.3

Editora Ciência Moderna Ltda.
R. Alice Figueiredo, 46 – Riachuelo
Rio de Janeiro, RJ – Brasil   CEP: 20.950-150
Tel: (21) 2201-6662/ Fax: (21) 2201-6896
E-MAIL: LCM@LCM.COM.BR
WWW.LCM.COM.BR

APRESENTAÇÃO

Em 2014 o Brasil, País do Futebol, sediará o maior evento competitivo da FIFA, a "Copa do Mundo de Futebol" e, diversos estados foram selecionados para receber os Grandes Jogos da FIFA; são 12 cidades sede: Rio de Janeiro (RJ), São Paulo (SP), Belo Horizonte (MG), Porto Alegre (RS), Brasília (DF), Cuiabá (MT), Curitiba (PR), Fortaleza (CE), Manaus (AM), Natal (RN), Recife (PE) e Salvador (BA).

Já em 2016, caberá ao Rio de Janeiro a extrema responsabilidade de realizar o Maior Evento Esportivo do Mundo, os "Jogos Olímpicos". O Brasil inteiro se mobilizou e está se estruturando para que tenhamos boas lembranças deste Megaevento.

Em razão dos Grandes Eventos Esportivos que acontecerão em breve, com a Copa das Confederações, receberemos delegações esportivas vindas dos quatro cantos do mundo; assim, tendo como ponto principal a "Qualidade nas Relações Humanas e Segurança", certos que "Segurança é Prevenção", conscientes que lidar com seres humanos é bastante complexo e que a opinião pública e a mídia não perdoariam uma reação descomedida por parte daqueles que estão ali para cuidar das pessoas, elaboramos esta apostila para o Curso de Extensão em Segurança para Grandes Eventos. Este Curso de Extensão tem por objetivo Dotar o Vigilante de conhecimentos técnicos, habilidades e atitudes que o tornem um "Analista de Riscos e Gestor de Pessoas nos Grandes Eventos Esportivos"; também Prepará-lo, "emocionalmente", para dar atendimento e segurança às pessoas com o máximo de equilíbrio e qualidade comportamental; Treiná-lo para dar "Sensação de Segurança" às pessoas, através da sua Força de Presença, através de Técnicas de Abordagem e Estratégias de Segurança; Rever todo o conhecimento técnico adquirido no Curso Básico, para que o Vigilante tenha o "Domínio do Conhecimento", e, consequentemente, adquira "Poder de Convencimento" e, finalmente, Elevar o nível de segurança em todos os locais onde ocorrerem os "Grandes Eventos Esportivos", a partir da Especialização dos Profissionais de Segurança que estiverem atuando.

Acreditamos que um paradigma esteja sendo quebrado através desta "Qualificação"; assim, relembrando Sun Tzu, é necessário que estejamos sempre vigilantes, pois, "Se quisermos a paz, é necessário que estejamos preparados para guerra".

Sumário

1. Programa de Curso 1
    1.1. Requisito 1
    1.2. Objetivo 1
    1.3. Organização 1
    1.4. Programa de Matérias 7

2. Introdução 17

3. Constituição Federal 19

4. "Grandes Eventos", Não Basta Saber 23

5. Código de Defesa do Consumidor 25

6. Conhecer-se, é necessário 33

7. Estatuto do Torcedor 35

8. Lei Contra a Economia Popular 45

9. Planejamento Estratégico de Segurança para a Copa do Mundo Fifa Brasil 2014 49
    9.1. Introdução 51
    9.2. O Maior Legado: A Integração 52
    9.3. Objetivos e Conteúdo 53
    9.4. Escopo da Ação 54
    9.5. Áreas de interesse operacional e áreas impactadas 60
    9.6. Situações de Risco 62
    9.7. Preparativos de Segurança 66
    9.8. Cooperação com as agências privadas de Segurança. 75
    9.9. As Obras. 76
    9.10. Segurança nos Estádios 76
    9.11. Cooperação Internacional 78
    9.12. Escoltas 79

9.13. Conclusão. 79
9.14. Matriz de Responsabilidades. 80

10. Direitos e Deveres dos Vigilantes quando atuam nos Grandes Eventos 81

11. Administração de Conflitos e Problemas nos Grandes Eventos 85

12. Comissão de Paz no Esporte e Plano de Contigências...... 87

13. Controle de Acesso..101
13.1. Proteção de Entradas Não 101
13.2. Controle de Entradas Permitidas 101
13.3. Prevenção de sabotagem..103
13.4. Controle de entrada e saída de materiais e equipamentos 105
13.5. Equipamentos Eletrônicos 105

14. Relatório de ocorrência do vigilante (ROV) 109

15. Lei Geral da Copa 113

16. Direito Penal 139
16.1. Conceito de crime..139
16.2. Lei nº 7.209, de 11 de Julho de 1984. 139

17. Direito Processual Penal 159

18. Direitos Humanos e Princípios Fundamentais 167
18.1. Evolução histórica... 167
18.2. Direitos Fundamentais da Pessoa Humana 173

19. Lei nº 7.716 (de 05 de Janeiro de 1989) 177

20. Uso Progressivo da Força 181
20.1. Princípios Básicos sobre o Uso da Força 182

21. Emergência e Evento Crítico 185
21.1. Introdução 185
21.2. Assaltos 185
21.3. Tumulto, pânico e evacuação de área 186
21.4. Planos de emergência 187

22. Gerenciamento de Público 189
22.1. Introdução 189

23. Briefing de Segurança para um Grande Evento 197

24. Emergências 199
24.1. Prevenção de Incêndios 199
24.2. Emergência e Atendimento Pre-Hospitalar 210

Conclusão 223

Oração do Vigilante 225

1. PROGRAMA DE CURSO

1.1. Requisito

Ter concluído o Curso de Formação de Vigilante - CFV

1.2. Objetivo

Dotar o aluno de conhecimentos, técnicas, habilidades e atitudes que o capacitem para o exercício da atividade de segurança das pessoas e do patrimônio nos recintos desportivos, adotando medidas preventivas e repressivas nos limites de suas tarefas e no âmbito operacional da estrutura de segurança, numa função complementar às atividades dos órgãos estatais de segurança e serviços, sem prejuízo das competências que são específicas dessas forças e serviços, com o fim de prover segurança e assegurar um ambiente confortável, seguro e de perfeita normalidade e harmonia para os organizadores e espectadores.

1.3. Organização

Este Curso de Extensão funcionará de acordo com as disposições contidas no programa de curso da Portaria Ministerial 3233 MJ, no regime escolar dos cursos de formação e demais normas vigentes.

1.3.1. Metodologia

Os Cursos de Formação adotarão a metodologia do ensino direto, utilizando-se de métodos e técnicas de ensino individualizado, coletivo e em grupo, enfatizando ao máximo a parte prática, no intuito de alcançar os objetivos propostos para o curso.

Os exercícios simulados, aproximados ao máximo da realidade, são indicados para aguçar a destreza e como antecipação ao emprego efetivo, desde que em condições de segurança adequadas, a cargo e sob a responsabilidade do curso.

Poderão os cursos de formação se utilizar de aulas práticas, as quais deverão ter seu cenário preparado com antecedência, com o fim de se alcançar o máximo de aproveitamento do curso ministrado. A disposição do plano de curso e da grade horária fica a cargo dos cursos de formação, respeitado este programa de curso.

A linguagem usada pelo professor e a complexidade na apresentação dos temas deverão levar em consideração a escolaridade e níveis de compreensão do grupo.

Os professores serão selecionados conforme as especialidades, por meio de credenciamento junto à Polícia Federal.

Os professores deverão observar os conhecimentos adquiridos no curso de formação de vigilante no que é pertinente ao conteúdo programático de sua disciplina, para não haver sobreposição, sem, no entanto, deixar de ampliar e reforçar o aprendizado.

Os cursos de formação deverão manter em arquivo o plano de curso, grade horária e os planos de aula elaborados pelos professores, a serem apresentados por ocasião da fiscalização.

1.3.2. Carga Horária

A carga horária total do curso será de 50 (cinquenta) horas-aula, dividas em no máximo em 10 horas-aula/dia.

1.3.2.1. Distribuição do tempo

Disciplinas Curriculares..............................45 h/a

Verificação de Aprendizagem ....05 h/a

TOTAL ....50 h/a

1.3.3. Grade Curricular

Disciplina	Objetivos	Carga Horária
1. PAPEL DO VIGILANTE NA ESTRUTURA DE SEGURANÇA EM RECINTOS DE GRANDES EVENTOS (PVRGE)	• Desenvolver conhecimentos sobre conceitos, legislação e acordos entre os organizadores dos grandes eventos e os entes políticos, especialmente no que tange à segurança nos recintos desportivos utilizados nos eventos da Copa das Confederações em 2013, na Copa do Mundo em 2014 e nas Olimpíadas em 2016. • Desenvolver conhecimentos adequados das estruturas físicas de segurança dentro dos locais onde serão realizados os grandes eventos e o respectivo plano de segurança, incluindo a divisão setorial da cadeia hierárquica de comando. • Identificar o papel da segurança privada integrada às forças públicas de segurança e outros serviços públicos. • Identificar a cadeia de comando na estrutura de segurança de um grande evento, seguir o canal de comando e os meios de comunicação disponibilizados, notadamente as formas de comunicação da central de segurança, estabelecendo o conceito de hierarquia de ações • Adequar o comportamento do vigilante quando integrado na estrutura de segurança de um grande evento e seu papel dentro do plano de segurança. Identificar as tarefas do vigilante e seus limites. • Identificar direitos e deveres do vigilante, bem como dos espectadores.	05 h/a

Disciplina	Objetivos	Carga Horária
2. CONTROLES DE ACESSO (CA)	<ul><li>Identificar e desenvolver técnicas de controle de acesso.</li><li>Capacitar o aluno para realizar revistas pessoais.</li><li>Identificar objetos e substâncias proibidas, ou suscetíveis a possibilitar atos de violência, bem como identificar práticas de burlas por maus espectadores ao sistema de controle.</li></ul>	05 h/a
3. GERENCIAMENTO DE PÚBLICO (GP)	<ul><li>Desenvolver habilidades e técnicas de atuação e comunicação para dar resposta aos problemas dos espectadores, tanto no campo legal, nas normas dos locais dos grandes eventos, nos acessos às dependências dos estádios e demais localidades onde o grande evento é realizado, bem como nos aspectos relacionados ao conforto e bem estar dos espectadores e organizadores, com especial atenção aos portadores de deficiências, crianças e idosos.</li><li>Respeitar a diversidade e as diferenças entre as pessoas, principalmente no que tange diversidade de orientação sexual e combate ao racismo.</li><li>Capacitar o aluno a conduzir conversas de nível simples a intermediário, com o objetivo de dar informações, indicar acessos, oferecer ajuda e o que mais for pertinente às tarefas afetas ao vigilante.</li><li>Capacitar o aluno a promover a calma dos espectadores.</li><li>Identificar, esclarecer e exemplificar as responsabilidades do vigilante quando praticar atitudes errôneas.</li><li>Ampliar e atualizar os conhecimentos básicos de Direito, Direito Constitucional, Direito Processual Penal e Direito Penal, enfocando os principais crimes que o vigilante deve prevenir e aqueles em que pode incorrer na atividade de segurança em recinto de grande evento, a partir dos conhecimentos adquiridos no CFV.</li></ul>	15 h/a

Disciplina	Objetivos	Carga Horária
4. GESTÃO DE MULTIDÕES E MANUTENÇÃO DE UM AMBIENTE SEGURO, HARMÔNICO E CONFORTÁVEL (GMMASHC)	• Identificar princípios de gestão de multidões e seus comportamentos numa crise. • Identificar a psicologia básica a ser usada no controle de multidões. • Apresentar noções da dinâmica de multidões, densidades, tensões, superlotações. • Capacitar o aluno a resolver, em equipe, as situações de emergência relacionadas a comportamentos nefastos de espectadores, incidentes estruturais, ou sinistros, adotando práticas do uso progressivo da força, quando estritamente necessário. • Capacitar o aluno a tomar as primeiras providências e preservar o local do sinistro no caso de forças públicas ou serviços públicos serem demandados a intervir, repassando com presteza a ocorrência com todas as suas circunstâncias, provas e medidas tomadas. • Identificar e comunicar seu superior sobre comportamentos antissociais, racistas, homofóbicos, xenófobos, ou contra crianças e idosos. • Desenvolver técnicas de dissuasão de tais comportamentos, caso sua atuação, individual ou em equipe, seja suficiente para encerrar a ocorrência, sem deixar de fazer o devido encaminhamento quando a ocorrência é grave e ultrapasse sua capacidade ou tarefa. • Desenvolver atitudes para neutralizar violação aos regramentos do estádio, ao Estatuto do Torcedor, ou presença de torcedores banidos. • Tomar conhecimento dos planos de contingência e de emergência e estrutura de rotas de acesso e de evacuação. • Desenvolver respostas a incidentes, como decisões da arbitragem, movimentação de massas e evacuações. • Desenvolver exercício prático de formações, como cortina humana para impedir avanços de multidões e outros gerenciamentos e separação de conflitos, contenções e escoltas. • Instruir o vigilante de conhecimento para identificar os acessos, dependências, meios de comunicação, central de segurança, bem como noções no caso de desencadeamento de plano de contingência.	15 h/a

Disciplina	Objetivos	Carga Horária
5. RESOLUÇÃO DAS SITUAÇÕES DE EMERGÊNCIAS (RSE)	• Ampliar e Revisar os conhecimentos adquiridos na disciplina de "Prevenção e Combate a Incêndio e Primeiros Socorros" durante o Curso de Formação de Vigilante. • Dotar o aluno de noções e técnicas básicas de prevenção e combate a incêndios, bem como capacitá-lo a adotar providências adequadas em caso de sinistros, principalmente na evacuação de recintos onde são realizados os Grandes Eventos. • Capacitar o aluno a prestar assistência inicial em caso de emergência através de assimilação de conhecimento de primeiros socorros, com o fim de preservar a vida, minimizar os efeitos das lesões e auxiliar na recuperação do sinistrado. • Dotar o aluno de habilidades para atuar corretamente, individualmente e/ou como membro de uma equipe de segurança, na execução dos planos de evacuação do recinto do Grande Evento, ou na execução do Plano de Contingência.	05 h/a

1.3.4. Composição das turmas

As turmas serão compostas de classe com no máximo 60(sessenta) alunos cada uma.

1.3.5. Frequência

A frequência é obrigatória a todas as atividades programadas para os alunos. Somente será submetido à avaliação final o candidato que obtiver frequência de 90% da carga horária em cada disciplina.

Será desligado do curso o aluno que ultrapassar o limite de faltas previsto no plano de curso, podendo aproveitar as disciplinas já concluídas em curso subsequente, desde que iniciado dentro do prazo máximo de 3 meses da conclusão do curso anterior.

1.3.6. Avaliação

Ao final das disciplinas teóricas será realizada uma avaliação de aprendizagem (prova objetiva) em cada qual, sendo considerado aprovado o aluno que obtiver um mínimo de 6 pontos num máximo de 10 pontos.

1.4. Programa de Matérias

1.4.1. Papel do Vigilante na Estrutura de Segurança em Recintos de Grandes Eventos (PVRGE)

Carga horária: 05 h/a   Avaliação: V/F (1 h/a)

Objetivos da disciplina:

a) Desenvolver conhecimentos sobre conceitos, legislação e acordos entre os organizadores dos grandes eventos e os entes políticos, especialmente no que tange à segurança nos recintos desportivos utilizados nos eventos da Copa das Confederações em 2013, na Copa do Mundo em 2014 e nas Olimpíadas em 2016;

b) Desenvolver conhecimentos adequados das estruturas físicas de segurança dentro dos locais onde serão realizados os grandes eventos e o respectivo plano de segurança, incluindo a divisão setorial da cadeia hierárquica de comando;

c) Identificar o papel da segurança privada integrada às forças públicas de segurança e outros serviços públicos;

d) Identificar a cadeia de comando na estrutura de segurança de um grande evento, seguir o canal de comando e os meios de comunicação disponibilizados, notadamente as formas de comunicação da central de segurança, estabelecendo o conceito de hierarquia de ações;

e) Adequar o comportamento do vigilante quando integrado na estrutura de segurança de um grande evento e seu papel dentro do plano de segurança;

f) Identificar as tarefas do vigilante e seus limites; e

g) Identificar direitos e deveres do vigilante, bem como dos espectadores.

UNID	OBJETIVOS INSTRUCIONAIS	CONTEÚDO PROGRAMÁTICO
01	O aluno deverá ser capaz de: • Desenvolver conhecimentos sobre a constituição federal e os aspectos que envolvem a competência dos vigilantes durante a sua atuação em grandes eventos, bem como sobre os direitos básicos do consumidor os quais pautam as relações de consumo e asseguram os direitos e deveres dos frequentadores dos grandes eventos; • Desenvolver conhecimentos sobre as prerrogativas e deveres dos vigilantes, bem como os regramentos definidos na economia popular, ressaltando a impossibilidade de atuação de cambistas nas proximidades dos grandes eventos; • Desenvolver conhecimentos sobre o estatuto do torcedor e das regras definidas pelos entes políticos e os promotores e organizadores dos grandes eventos. • Conceituar e conhecer o sistema de comando em operações (SCO). • Desenvolver conhecimentos de situações de emprego do SCO, bem como de suas áreas de atuação.	Integram o conteúdo programático: - Aspectos pertinentes da Constituição Federal; - Aspectos pertinentes do Código de Defesa do Consumidor; - Aspectos pertinentes do Estatuto do Torcedor; - Aspectos pertinentes sobre Economia Popular; - Regulamento de Segurança da FIFA; - Direitos e Deveres dos Vigilantes quando atuam em Grandes Eventos; - Atribuições das Forças de Segurança pública; - Atribuições das Forças de Segurança privada; - Aspectos pertinentes da portaria da Policia Federal que dispõe sobre as Normas Relacionadas às Atividades de Segurança Privada; - Conceito de SCO (Sistema de Comando em Operações); - Características e Princípios do SCO; - Áreas de atuação, instalações e atribuições do SCO; e - Detecção de Situações Críticas e das necessidades de acionamento do SCO.
	Estratégias de Ensino: Aula expositiva dialogada com auxílio de recursos audiovisuais. Recursos: 01 professor e caderno didático. Carga Horária: 05 h/a.	

1.4.2. Controle de Acesso (Ca)

Carga horária: 05 h/a   Avaliação: V/F (1 h/a)

Objetivo da disciplina:

a) Identificar e desenvolver técnicas de controle de acesso;

b) Capacitar o aluno para realizar revistas pessoais; e

c) Identificar objetos e substâncias proibidas, ou suscetíveis a possibilitar atos de violência, bem como identificar práticas de burlas or maus espectadores ao sistema de controle.

UNID	OBJETIVOS INSTRUCIONAIS	CONTEÚDO PROGRAMÁTICO
01	Ao término das unidades, o aluno deverá ser capaz de: • Identificar e Empregar os meios, técnicas e táticas de controle de acesso em grandes eventos.	- Balizamento de portões e área do local do evento (controle de acesso às bilheterias, monitoramento preventivo do local do evento, prevenção contra invasão ao local do evento); - Imobilização e registro; - Apoio para registro de fatos ocorridos no evento; - Intervenção repressiva rápida; e, - Observação do público (segurança preventiva do público, monitoramento preventivo do comércio).
\multicolumn{3}{	l	}{Estratégias de Ensino: Aula expositiva dialogada com auxilio de recursos audiovisuais. Recursos: 01 professor e caderno didático. Carga Horária: 05 h/a.}

1.4.3. Gerenciamento de Público (Gp)

Carga horária: 15 horas-aula   Avaliação: VF (01 h/a)

Objetivo da disciplina:

a) Desenvolver habilidades e técnicas de atuação e comunicação para dar resposta aos problemas dos espectadores, tanto no campo legal, nas normas dos locais dos grandes eventos, nos acessos às dependências dos estádios e demais localidades onde o grande evento é realizado, bem como nos aspectos relacionados ao conforto e bem estar dos espectadores e organizadores, com especial atenção aos portadores de deficiências, crianças e idosos;

b) Respeitar a diversidade e as diferenças entre as pessoas, principalmente no que tange diversidade de orientação sexual e combate ao racismo;

c) Capacitar o aluno a conduzir conversas de nível simples a intermediário, com o objetivo de dar informações, indicar acessos, oferecer ajuda e o que mais for pertinente às tarefas afetas ao vigilante;

d) Capacitar o aluno a promover a calma dos espectadores;

e) Identificar, esclarecer e exemplificar as responsabilidades do vigilante quando praticar atitudes errôneas; e

f) Ampliar e atualizar os conhecimentos básicos de Direito, Direito Constitucional, Direito Processual Penal e Direito Penal, enfocando os principais crimes que o vigilante deve prevenir e aqueles em que pode incorrer na atividade de segurança em recinto de grande evento, a partir dos conhecimentos adquiridos no CFV.

UNID	OBJETIVOS INSTRUCIONAIS	CONTEÚDO PROGRAMÁTICO
01	Ao término das unidades, o aluno deverá ser capaz de: • Identificar e Empregar os meios, técnicas e táticas de. gerenciamento de público em grandes eventos	Integram o conteúdo programático: - Funções a serem potencializadas antes, durante e após o evento; - Funções a serem desenvolvidas antes da realização do evento (observação prévia, isolamentos, reserva de local para estacionamento de delegações, credenciamento de imprensa); - Funções alusivas à proteção das instalações do local do evento e isolamentos pré-determinados; - Funções a serem desenvolvidas para a recepção e escolta das delegações e dos árbitros, em se tratando de eventos esportivos; - Funções a serem desenvolvidas para recepção, orientação e direcionamento dos espectadores do evento; - Funções alusivas ao direcionamento das autoridades nos diversos níveis; - Funções alusivas à proteção de acesso ao gramado, em se tratando de eventos esportivos; - Funções alusivas ao monitoramento do comportamento dos frequentadores; - Funções a serem desenvolvidas por ocasião do encerramento do evento; - Funções alusivas à desmobilização dos profissionais envolvidos; - Princípios Constitucionais: - Da igualdade (art. 5º caput, cf/88); - Da legalidade (art. 5º, II, da Constituição); - Da intimidade, honra e imagem (art. 5º, x, da Constituição); - De locomoção (art. 5º, inciso XV, da Constituição); - De reunião (art. 5º, inciso XVI, da Constituição); - De associação (art. 5º, XVII, da Constituição); - De propriedade (art. 5º, inciso XXII, da Constituição); - Da presunção de inocência (art. 5º, LVII, cf/88); - Da identidade (art. 5º, inciso LVIII, da Constituição); - Da liberdade (art. 5º, inciso LXI, da Constituição); - Dos direitos do preso (art. 5º, LXIII, da Constituição); e - De habeas corpus (art. 5º, LXVIII, da Constituição); - Direito Penal: - Conceito de crime (tentativa e consumação) - Crime doloso e culposo; - Excludentes de ilicitude (estado de necessidade, legítima defesa, estrito cumprimento do dever legal e exercício regular de direito); - Maioridade penal; autoria, coautoria e participação; - Homicídio (art. 121 do Código Penal); - Lesão corporal (art. 129 do Código Penal);

		- Constrangimento ilegal (art. 146 do Código Penal); - Ameaça (art. 147 do Código Penal); - Sequestro e cárcere privado (art. 148 do Código Penal); - Furto (art. 155); - Roubo (art. 157 do Código Penal); - Dano (art. 163 do Código Penal); - Apropriação indébita (art. 168 do Código Penal)); - Estelionato (art. 171 do Código Penal); - Receptação (art. 180 do Código Penal); - Incêndio (art. 250 do Código Penal); - Quadrilha ou bando (art. 288 do Código Penal)); - Resistência (art. 329 do Código Penal); - Desobediência (art. 330 do Código Penal); - Desacato (art. 331 do Código Penal); - Corrupção ativa (art. 333 do Código Penal); e - Direito Processual Penal: Inquérito Policial; prisão em flagrante. - Direito Humanos e Princípios Fundamentais: - Evolução Histórica; - Evolução Histórico-Constitucional dos Direitos Humanos no Brasil; - Conceito; - Direitos fundamentais da pessoa humana; - Dos direitos e garantias fundamentais (tortura, provas ilícitas, direito ao silêncio e o princípio da presunção da inocência); - Direitos fundamentais da pessoa detida; e o crime de tortura no contexto dos direitos humanos e o tratamento constitucional (art. 5º da Consituição); Lei nº 9.455, de 1997, (da prisão e o direito a imagem; do terrorismo, da segurança do cidadão, do estado e os direitos humanos fundamentais; da responsabilidade civil objetiva e subjetiva e o crime de tortura, tratamento desumano ou degradante). respeito à diversidade e as diferenças entre as pessoas, principalmente no que tange diversidade de orientação sexual e combate ao racismo. - Quadrilha ou bando (art. 288 do Código Penal)); - Resistência (art. 329 do Código Penal); - Desobediência (art. 330 do Código Penal); - Desacato (art. 331 do Código Penal); - Corrupção ativa (art. 333 do Código Penal); e - Direito processual penal: inquérito policial; prisão em flagrante. Direito Humanos e Princípios Fundamentais: - Evolução Histórica; - Evolução Histórico-Constitucional dos Direitos Humanos no Brasil;

		- Conceito; - Direitos fundamentais da pessoa humana; - Dos direitos e garantias fundamentais (tortura, provas ilícitas, direito ao silêncio e o princípio da presunção da inocência); - Direitos fundamentais da pessoa detida; e o crime de tortura no contexto dos direitos humanos e o tratamento constitucional (art. 5º da Constituição); Lei nº 9.455, de 1997, (da prisão e o direito a imagem; do terrorismo, da segurança do cidadão, do estado e os direitos humanos fundamentais; da responsabilidade civil objetiva e subjetiva e o crime de tortura, tratamento desumano ou degradante). respeito à diversidade e as diferenças entre as pessoas, principalmente no que tange diversidade de orientação sexual e combate ao racismo.
Estratégias de Ensino: Aula expositiva dialogada com auxilio de registros, planos e recursos audiovisuais. Recursos: 01 professor e monitores. Carga Horária: 15 h/a.		

1.4.4. Gestão de Multidões e Manutenção de um Ambiente Seguro, Harmônico e Confortável (Gmmashc)

Carga Horária: 15 horas-aula   Avaliação: 01h/aula

Objetivo da Disciplina:

a) Identificar princípios de gestão de multidões e seus comportamentos numa crise;

b) Identificar a psicologia básica a ser usada no controle de multidões;

c) Dotar o aluno de conhecimentos sobre a dinâmica de multidões, densidades, tensões e superlotações;

d) Capacitar o aluno a resolver, individualmente ou em equipe, adotando o uso progressivo da força, as situações de emergência relacionadas a comportamentos impróprios de espectadores, incidentes estruturais ou tumultos generalizados;

e) Capacitar o aluno a tomar as primeiras providências e preservar o local do incidente no caso de forças públicas ou serviços públicos serem demandados a intervir, repassando com presteza a ocorrência com todas as suas circunstâncias e medidas tomadas;

f) Identificar e comunicar seu superior sobre comportamentos antissociais, racistas, xenófobos, ou contra crianças e idosos;

g) Desenvolver técnicas de dissuasão de tais comportamentos, caso sua atuação, individual ou em equipe, seja suficiente para encerrar a ocorrência, sem deixar de fazer o devido encaminhamento às autoridades públicas quando a ocorrência caracterizar ilícito penal;

h) Desenvolver atitudes para neutralizar violação aos regramentos do estádio, ao estatuto do torcedor, ou presença de espectadores banidos;

i) Dotar o aluno de conhecimento sobre planos de contingência e de emergência, rotas de acesso e de evacuação;

j) Desenvolver respostas a incidentes, como decisões da arbitragem, movimentação de massas e evacuações;

h) Desenvolver exercício prático de formação, como cortina humana para impedir avanços de multidões e outros gerenciamentos e separação de conflitos, como contenções e escoltas; e

l) Dotar o aluno de conhecimento para identificar os acessos, dependências, meios de comunicação, central de segurança, bem como noções no caso de desencadeamento de plano de contingência.

UNID	OBJETIVOS INSTRUCIONAIS	CONTEÚDO PROGRAMÁTICO
01	Ao término das unidades, o aluno deverá ser capaz de: • Agir com discrição, evitar tumultos, pânicos, violência, tiros, etc. • Capacitar o aluno a controlar e atuar com indivíduos sem atitude inconveniente dentro e nas proximidades dos grandes eventos. • Preparar o aluno para o diálogo com o público, orientando, educando e prevenindo potenciais situações indicativas de eclosão de desordem em massa.	Uso Progressivo (Diferenciado) da Força;

01	• Identificar o tipo de público envolvido no grande evento através do comportamento demonstradopor este, bem como pelo evento a ser realizado. • Realizar cortina humana para impedir avanços de multidões, em como outros procedimentos capazes de separar conflitos. • Realizar contenções e escolta.	
Estratégias de ensino: Aula expositivo-dialogada-demonstrativa-prática. Recursos: 01 professor e monitores. Carga horária: 15 h/a.		

1.4.5. Resolução das Situações de Emergência (Rse)

Carga horária: 05 horas-aula　　　　　　　Avaliação: VF (01 h/a)

Objetivo da Disciplina:

a. Ampliar os conhecimentos adquiridos na disciplina de "Prevenção e Combate a Incêndio e Primeiros Socorros" durante o Curso de Formação de Vigilante.

2. Dotar o aluno de noções e técnicas básicas de prevenção e combate a incêndios, bem como capacitá-lo a adotar providências adequadas em caso de sinistros, principalmente na evacuação de recintos desportivos, onde são realizados os Grandes Eventos.

c. Capacitar o aluno a prestar assistência inicial em caso de emergência através de assimilação de conhecimento de primeiros socorros, com o fim de preservar a vida, minimizar os efeitos das lesões e auxiliar na recuperação do sinistrado.

d. Dotar o aluno de habilidades para atuar corretamente, individualmente e/ou como membro de uma equipe de segurança, na execução dos planos de evacuação do recinto desportivo, ou na execução do plano de contingência.

UNID	OBJETIVOS INSTRUCIONAIS	CONTEÚDO PROGRAMÁTICO
01	Ao término das unidades, o aluno deverá ser capaz de: • Conhecer formas de ataque. • Interpretar os respectivos planos de reação elaborados pela empresa, como membro de uma equipe de segurança em plano de contingência ou evacuação. • Identificar sua parcela de participação no plano de reação. • Praticar exercício simulado. • Elaborar relatórios. • Prestar assistência inicial em caso de emergência, com o fim de preservar a vida, minimizar os efeitos das lesões e auxiliar na recuperação da vítima.	Técnicas e Táticas utilizadas pelos criminosos; - Planos de Reação; - Procedimentos diante de imprevistos; - Relatório da ocorrência (exercício prático); - Como acionar os órgãos de segurança pública; - Métodos de combate e extinção a incêndio; - Manejo dos extintores de incêndio; - Conceito de primeiros socorros; - Análise primária e secundária; - Transporte de feridos; - Acidentes traumáticos; - Hemorragias; - Reanimação cardio-pulmonar; e - Acionamento de equipe de para-médicos. - Técnicas de imobilização e condução de detidos; - Defesa contra agressão de instrumentos lesivos a integridade física dos espectadores e dos próprios vigilantes; - Técnicas de contenção de distúrbios em massa; -Fatores que interferem no comportamento das massas; - Fatores que influenciam no comportamento de um indivíduo; - Comportamento das torcidas organizadas e o fenômeno do "hooliganismo"; - Comportamento coletivo e suas manifestações; - Ações de controle e encaminhamento das massas em grandes eventos; - Preservação de local e comunicação das autoridades competentes; - Rotas de acesso e de evacuação; -Plano de contingência e as ações a serem desencadeadas para a sua deflagração; - Técnicas de dinâmica de multidões e controle de tensões; e - Identificação e comunicação ao superior sobre comportamentos anti-sociais, racistas, xenófobos, ou contra crianças e idosos.
	Estratégias de Ensino: Aula expositivo-dialogada-demonstrativa-prática. Recursos: 01 professor, caderno didático e equipamentos. Carga Horária: 05 h/a.	

2. Introdução

Como sabemos, nossa natureza humana é inclinada ao erro. Portanto, no nosso segmento, é necessário que estejamos sempre ligados, atentos, vigilantes, pois, para cair basta estar de pé. Não é incomum Profissionais de Segurança serem envolvidos pelas circunstâncias. É mais fácil administrarmos uma possível perseguição do que um envolvimento. O envolvimento acontece lentamente, de forma sutil, assim, quando menos esperamos, estamos completamente envolvidos. Isto posto, fique ligado, atento; vigiar é o grande segredo.

Ser um Profissional de Segurança Privada, com especialização em Grandes Eventos, exige bastante iniciativa, bom senso e discernimento. É fundamental que tenhamos um conhecimento técnico aprofundado, conheçamos as leis, os princípios constitucionais, sejamos éticos e jamais nos esqueçamos de "vigiar". As Necessidades Estratégicas do Segmento Segurança Privada, ou seja, Equilíbrio Emocional e Qualidade Comportamental devem ser desenvolvidas dia após dia.

Para os Grandes Eventos, o mercado exige vigilantes que tenham poder de persuasão, poder de convencimento, que saibam usar a Diplomacia (Verbalização), que sejam plenamente sociáveis, mas imparciais, justos, neutros, retos; como disse, não é fácil. É necessário que estabeleçamos metas e parâmetros para conseguirmos evoluir com o tempo. A Portaria 3233 trouxe o "Curso de Extensão em Segurança para Grandes Eventos e a disciplina "Uso Progressivo da Força" para que, de alguma forma, consigamos entender que nossa missão é "Administrar Conflitos e Problemas" e não criá-los; entender que "Segurança é Prevenção", e assim, mais preparados, consigamos melhorar ainda mais a imagem do segmento e mostrar a sua real importância para a sociedade. O que a mídia transmite diariamente é uma comprovação do quanto é difícil ser Vigilante em uma sociedade marcada por uma diferença social acentuada, pois, essa diferença tem como resultado, infelizmente, a ignorância de uma grande parte do nosso povo. Quando a educação é comprometida, o diálogo deixa de existir, o nível de entendimento cai e o caos se instala. É o ambiente favorável para o surgimento de facções criminosas e a disseminação do crime organizado.

Assim, diante dos fatos e na iminência dos Grandes Eventos, fica mais simples percebermos a necessidade de uma qualificação cada vez mais abrangente. Não apenas qualificação profissional, mas "qualificação total", ou seja, qualificarmos nosso comportamento, nosso equilíbrio emocional, nossa apresentação pessoal, nosso posicionamento diante do que não é certo, nos qualificarmos como esposos, como pais, filhos, amigos, vizinhos; enfim, como seres humanos. Desta forma conseguiremos, com o máximo de eficiência e eficácia, transformarmos toda essa teoria em ação.

"O maior herói é aquele que faz do inimigo um amigo."

Talmud

3. Constituição Federal

TÍTULO II
Dos Direitos e Garantias Fundamentais

CAPÍTULO I
Dos Direitos e Deveres Individuais e Coletivos

Da igualdade

Art. 5º - Todos são iguais perante a lei, sem distinção de qualquer natureza, garantindo-se aos brasileiros e aos estrangeiros residentes no País a inviolabilidade do direito à vida, à liberdade, à igualdade, à segurança e à propriedade, nos termos seguintes:

I - homens e mulheres são iguais em direitos e obrigações, nos termos desta Constituição;

II - ninguém será obrigado a fazer ou deixar de fazer alguma coisa senão em virtude de lei;

Do tratamento desumano

III - ninguém será submetido a tortura nem a tratamento desumano ou degradante;

Da liberdade de expressão

IV - é livre a manifestação do pensamento, sendo vedado o anonimato;

IX - é livre a expressão da atividade intelectual, artística, científica e de comunicação, independentemente de censura ou licença; Da liberdade de culto religioso e política

VI - é inviolável a liberdade de consciência e de crença, sendo assegurado o livre exercício dos cultos religiosos e garantida, na forma da lei, a proteção aos locais de culto e a suas liturgias;

VIII - ninguém será privado de direitos por motivo de crença religiosa ou de convicção filosófica ou política, salvo se as invocar para eximir-se de obrigação legal a todos imposta e recusar-se a cumprir prestação alternativa, fixada em lei;

Da imagem
X - são invioláveis a intimidade, a vida privada, a honra e a imagem das pessoas, assegurado o direito a indenização pelo dano material ou moral decorrente de sua violação;

De locomoção
XV - é livre a locomoção no território nacional em tempo de paz, podendo qualquer pessoa, nos termos da lei, nele entrar, permanecer ou dele sair com seus bens;

De reunião
XVI - todos podem reunir-se pacificamente, sem armas, em locais abertos ao público, independentemente de autorização, desde que não frustrem outra reunião anteriormente convocada para o mesmo local, sendo apenas exigido prévio aviso à autoridade competente;

De propriedade
XXII - é garantido o direito de propriedade;

Da prática de racismo/xenofobia
XLII - a prática do racismo constitui crime inafiançável e imprescritível, sujeito à pena de reclusão, nos termos da lei;

Da identidade
LVIII - o civilmente identificado não será submetido a identificação criminal, salvo nas hipóteses previstas em lei;

Da liberdade
LXI - ninguém será preso senão em flagrante delito ou por ordem escrita e fundamentada de autoridade judiciária competente, salvo nos casos de transgressão militar ou crime propriamente militar, definidos em lei;

"A prisão no crime de deserção - artigo 187 do Código Penal Militar - mostra-se harmônica com o disposto no inciso LXI do artigo 5º da Constituição Federal".
(HC 84.330, Rel. Min. Marco Aurélio, DJ 27/08/04).

Dos direitos do preso
Art. 5º, LXIII, CF/88 – O preso será informado de seus direitos, entre os quais o de permanecer calado, sendo-lhe assegurada a assistência da família e de advogado.

"A autodefesa consubstancia, antes de mais nada, direito natural. O fato de o acusado não admitir a culpa, ou mesmo atribuí-la a terceiro, não prejudica a substituição da pena privativa do exercício da liberdade pela restritiva de direitos, descabendo falar de 'personalidade distorcida'."(HC 80.616, Rel. Min. Marco Aurélio, DJ 12/03/04)".

"O privilégio contra a auto-incriminação, garantia constitucional, permite ao paciente o exercício do direito de silêncio, não estando, por essa razão, obrigado a fornecer os padrões vocais necessários a subsidiar prova pericial que entende lhe ser desfavorável".(HC 83.096, Rel. Min. Ellen Gracie, DJ 12/12/03).

De habeas corpus

Art. 5º, LXVIII, CF/88 – Conceder-se-á habeas corpus sempre que alguém sofrer ou se achar ameaçado de sofrer violência ou coação em sua liberdade de locomoção, por ilegalidade ou abuso de poder.

"A impetração deve ser redigida em linguagem adequada aos princípios de urbanidade e civismo. O Tribunal não tolera o emprego de expressões de baixo calão, de linguajar chulo e deselegante".(HC 80.674, Rel. Min. Nelson Jobim, DJ 17/08/01).

4. "Grandes Eventos", Não Basta Saber...

Extraido do Livro "GPCI"
Editora Ciência Moderna (lcm@lcm.com.br)

Em se tratando de Grandes Eventos, é necessário que entendamos que nada na vida é fácil, tudo na vida é difícil; entretanto, tudo na vida é simples. Ser Vigilante é simples; mas não é fácil. Trabalhar nos Grandes Eventos é simples; mas, definitivamente, não é fácil. A dificuldade está em transformarmos toda a teoria em ação.

Vejamos; todo o fumante sabe que fumar causa câncer, enfisema pulmonar e impotência sexual; não é verdade? Entretanto, mesmo sabedor de tudo isso, continua fumando. Por quê? A resposta é simples. Porque não quer sofrer ou não gosta de sofrer; e quem gosta? Parar de fumar significa a renúncia de um "prazer", a renúncia de algo gostoso e envolvente, que nos domina por completo, mas, que lá no fundo, nós não aceitamos como "escravidão"; entretanto, todo vício é na verdade uma escravidão. E para nos libertarmos é necessário que tomemos uma decisão. "Basta; vou parar".

Percebam a simplicidade; para que o fumante corra menos risco de contrair tais patologias, basta parar de fumar. Certo? Percebam; é simples. Contudo, transformar a teoria em ação é o grande desafio, pois sempre haverá sofrimento. Parece coisa de maluco, mas, é o sofrimento que, de uma forma ou de outra, nos liberta. Se não pararmos por amor (amor à vida), seremos "finalizados" pela dor (câncer, enfisema pulmonar, etc.), ou seja, morreremos. Não basta sabermos o segredo do sucesso; o fato de sabermos não significa que teremos sucesso na vida. Não basta sabermos o caminho da vitória, o fato de sabermos não significa que seremos vitoriosos. Não basta sabermos que fumar faz mal a saúde; é necessário um "algo mais". Precisamos vencer a caveira e, de alguma forma, transformarmos sempre a teoria em ação. A caveira quer descanso, quer a posição horizontal; se vacilarmos, se não vigiarmos, certamente caminharemos em direção a morte.

"Pelos erros dos outros o homem sensato corrige os seus."
Oswaldo Cruz

5. Código de Defesa do Consumidor

O Código de Defesa do Consumidor é uma lei abrangente que trata das relações de consumo em todas as esferas: civil, definindo as responsabilidades e os mecanismos para a reparação de danos causados; administrativa, definindo os mecanismos para o poder público atuar nas relações de consumo; e penal, estabelecendo novos tipos de crimes e as punições para os mesmos.

Lei nº 8.078, de 11 de setembro de 1990

CAPÍTULO I
Disposições Gerais

Art. 1º O presente código estabelece normas de proteção e defesa do consumidor, de ordem pública e interesse social, nos termos dos arts. 5º, inciso XXXII, 170, inciso V, da Constituição Federal e art. 48 de suas Disposições Transitórias.

Art. 2º Consumidor é toda pessoa física ou jurídica que adquire ou utiliza produto ou serviço como destinatário final.

Parágrafo único. Equipara-se a consumidor a coletividade de pessoas, ainda que indetermináveis, que haja intervindo nas relações de consumo.

Art. 3º Fornecedor é toda pessoa física ou jurídica, pública ou privada, nacional ou estrangeira, bem como os entes despersonalizados, que desenvolvem atividade de produção, montagem, criação, construção, transformação, importação, exportação, distribuição ou comercialização de produtos ou prestação de serviços.

§ 1º Produto é qualquer bem, móvel ou imóvel, material ou imaterial.

§ 2º Serviço é qualquer atividade fornecida no mercado de consumo, mediante remuneração, inclusive as de natureza bancária, financeira, de crédito e securitária, salvo as decorrentes das relações de caráter trabalhista.

CAPÍTULO II
Da Política Nacional de Relações de Consumo

Art. 4º A Política Nacional das Relações de Consumo tem por objetivo o atendimento das necessidades dos consumidores, o respeito à sua dignidade, saúde e segurança, a proteção de seus interesses econômicos, a melhoria da sua qualidade de vida, bem como a transparência e harmonia das relações de consumo.

CAPÍTULO III
Dos Direitos Básicos do Consumidor

Art. 6º São direitos básicos do consumidor:

I - a proteção da vida, saúde e segurança contra os riscos provocados por práticas no fornecimento de produtos e serviços considerados perigosos ou nocivos;

II - a educação e divulgação sobre o consumo adequado dos produtos e serviços, asseguradas a liberdade de escolha e a igualdade nas contratações;

III - a informação adequada e clara sobre os diferentes produtos e serviços, com especificação correta de quantidade, características, composição, qualidade e preço, bem como sobre os riscos que apresentem;

IV - a proteção contra a publicidade enganosa e abusiva, métodos comerciais coercitivos ou desleais, bem como contra práticas e cláusulas abusivas ou impostas no fornecimento de produtos e serviços;

V - a modificação das cláusulas contratuais que estabeleçam prestações desproporcionais ou sua revisão em razão de fatos supervenientes que as tornem excessivamente onerosas;

VI - a efetiva prevenção e reparação de danos patrimoniais e morais, individuais, coletivos e difusos;

VII - o acesso aos órgãos judiciários e administrativos com vistas à prevenção ou reparação de danos patrimoniais e morais, individuais, coletivos ou difusos, assegurada a proteção Jurídica, administrativa e técnica aos necessitados;

VIII - a facilitação da defesa de seus direitos, inclusive com a inversão do ônus da prova, a seu favor, no processo civil, quando, a critério do juiz, for verossímil a alegação ou quando for ele hipossuficiente, segundo as regras ordinárias de experiências;

IX - (Vetado);

X - a adequada e eficaz prestação dos serviços públicos em geral.

Art. 7º Os direitos previstos neste código não excluem outros decorrentes de tratados ou convenções internacionais de que o Brasil seja signatário, da legislação interna ordinária, de regulamentos expedidos pelas autoridades administrativas competentes, bem como dos que derivem dos princípios gerais do direito, analogia, costumes e equidade.

Parágrafo único. Tendo mais de um autor a ofensa, todos responderão solidariamente pela reparação dos danos previstos nas normas de consumo.

CAPÍTULO IV
Da Qualidade de Produtos e Serviços, da Prevenção e da Reparação dos Danos

SEÇÃO I
Da Proteção à Saúde e Segurança

Art. 8º Os produtos e serviços colocados no mercado de consumo não acarretarão riscos à saúde ou segurança dos consumidores, exceto os considerados normais e previsíveis em decorrência de sua natureza e fruição, obrigando-se os fornecedores, em qualquer hipótese, a dar as informações necessárias e adequadas a seu respeito.

Parágrafo único. Em se tratando de produto industrial, ao fabricante cabe prestar as informações a que se refere este artigo, através de impressos apropriados que devam acompanhar o produto.

Art. 9º O fornecedor de produtos e serviços potencialmente nocivos ou perigosos à saúde ou segurança deverá informar, de maneira ostensiva e adequada, a respeito da sua nocividade ou periculosidade, sem prejuízo da adoção de outras medidas cabíveis em cada caso concreto.

Art. 10. O fornecedor não poderá colocar no mercado de consumo produto ou serviço que sabe ou deveria saber apresentar alto grau de nocividade ou periculosidade à saúde ou segurança.

§ 1° O fornecedor de produtos e serviços que, posteriormente à sua introdução no mercado de consumo, tiver conhecimento da periculosidade que apresentem, deverá comunicar o fato imediatamente às autoridades competentes e aos consumidores, mediante anúncios publicitários.

§ 2° Os anúncios publicitários a que se refere o parágrafo anterior serão veiculados na imprensa, rádio e televisão, às expensas do fornecedor do produto ou serviço.

§ 3° Sempre que tiverem conhecimento de periculosidade de produtos ou serviços à saúde ou segurança dos consumidores, a União, os Estados, o Distrito Federal e os Municípios deverão informá-los a respeito.

SEÇÃO II
Da Responsabilidade pelo Fato do Produto e do Serviço

Art. 12. O fabricante, o produtor, o construtor, nacional ou estrangeiro, e o importador respondem, independentemente da existência de culpa, pela reparação dos danos causados aos consumidores por defeitos decorrentes de projeto, fabricação, construção, montagem, fórmulas, manipulação, apresentação ou acondicionamento de seus produtos, bem como por informações insuficientes ou inadequadas sobre sua utilização e riscos.

§ 1° O produto é defeituoso quando não oferece a segurança que dele legitimamente se espera, levando-se em consideração as circunstâncias relevantes, entre as quais:

Art. 13. O comerciante é igualmente responsável, nos termos do artigo anterior, quando:

I - o fabricante, o construtor, o produtor ou o importador não puderem ser identificados;

II - o produto for fornecido sem identificação clara do seu fabricante, produtor, construtor ou importador;

III - não conservar adequadamente os produtos perecíveis.

Da Responsabilidade por Vício do Produto e do Serviço

Art. 18. Os fornecedores de produtos de consumo duráveis ou não duráveis respondem solidariamente pelos vícios de qualidade ou quantidade que os tornem impróprios ou inadequados ao consumo a que se destinam ou lhes diminuam o valor, assim como por aqueles decorrentes da disparidade, com a indicações constantes do recipiente, da embalagem, rotulagem ou mensagem publicitária, respeitadas as variações decorrentes de sua natureza, podendo o consumidor exigir a substituição das partes viciadas.

§ 1º Não sendo o vício sanado no prazo máximo de trinta dias, pode o consumidor exigir, alternativamente e à sua escolha:

I - a substituição do produto por outro da mesma espécie, em perfeitas condições de uso;

II - a restituição imediata da quantia paga, monetariamente atualizada, sem prejuízo de eventuais perdas e danos;

III - o abatimento proporcional do preço.

§ 2º Poderão as partes convencionar a redução ou ampliação do prazo previsto no parágrafo anterior, não podendo ser inferior a sete nem superior a cento e oitenta dias. Nos contratos de adesão, a cláusula de prazo deverá ser convencionada em separado, por meio de manifestação expressa do consumidor.

§ 3º O consumidor poderá fazer uso imediato das alternativas do § 1º deste artigo sempre que, em razão da extensão do vício, a substituição das partes viciadas puder comprometer a qualidade ou características do produto, diminuir-lhe o valor ou se tratar de produto essencial.

§ 4º Tendo o consumidor optado pela alternativa do inciso I do § 1º deste artigo, e não sendo possível a substituição do bem, poderá haver substituição por outro de espécie, marca ou modelo diversos, mediante complementação ou restituição de eventual diferença de preço, sem prejuízo do disposto nos incisos II e III do § 1º deste artigo.

§ 5º No caso de fornecimento de produtos in natura, será responsável perante o consumidor o fornecedor imediato, exceto quando identificado claramente seu produtor.

§ 6º São impróprios ao uso e consumo:

I - os produtos cujos prazos de validade estejam vencidos;

II - os produtos deteriorados, alterados, adulterados, avariados, falsificados, corrompidos, fraudados, nocivos à vida ou à saúde, perigosos ou, ainda, aqueles em desacordo com as normas regulamentares de fabricação, distribuição ou apresentação;

III - os produtos que, por qualquer motivo, se revelem inadequados ao fim a que se destinam.

Art. 19. Os fornecedores respondem solidariamente pelos vícios de quantidade do produto sempre que, respeitadas as variações decorrentes de sua natureza, seu conteúdo líquido for inferior às indicações constantes do recipiente, da embalagem, rotulagem ou de mensagem publicitária, podendo o consumidor exigir, alternativamente e à sua escolha:

I - o abatimento proporcional do preço;

II - complementação do peso ou medida;

III - a substituição do produto por outro da mesma espécie, marca ou modelo, sem os aludidos vícios;

IV - a restituição imediata da quantia paga, monetariamente atualizada, sem prejuízo de eventuais perdas e danos.

§ 1º Aplica-se a este artigo o disposto no § 4º do artigo anterior.

§ 2º O fornecedor imediato será responsável quando fizer a pesagem ou a medição e o instrumento utilizado não estiver aferido segundo os padrões oficiais.

Art. 20. O fornecedor de serviços responde pelos vícios de qualidade que os tornem impróprios ao consumo ou lhes diminuam o valor, assim como por aqueles decorrentes da disparidade com as indicações constantes da oferta ou mensagem publicitária, podendo o consumidor exigir, alternativamente e à sua escolha:

I - a reexecução dos serviços, sem custo adicional e quando cabível;

II - a restituição imediata da quantia paga, monetariamente atualizada, sem prejuízo de eventuais perdas e danos;

III - o abatimento proporcional do preço.

§ 1º A reexecução dos serviços poderá ser confiada a terceiros devidamente capacitados, por conta e risco do fornecedor.

§ 2º São impróprios os serviços que se mostrem inadequados para os fins que razoavelmente deles se esperam, bem como aqueles que não atendam as normas regulamentares de prestabilidade.

Art. 21. No fornecimento de serviços que tenham por objetivo a reparação de qualquer produto considerar-se-á implícita a obrigação do fornecedor de empregar componentes de reposição originais adequados e novos, ou que mantenham as especificações técnicas do fabricante, salvo, quanto a estes últimos, autorização em contrário do consumidor.

Art. 22. Os órgãos públicos, por si ou suas empresas, concessionárias, permissionárias ou sob qualquer outra forma de empreendimento, são obrigados a fornecer serviços adequados, eficientes, seguros e, quanto aos essenciais, contínuos.

Parágrafo único. Nos casos de descumprimento, total ou parcial, das obrigações referidas neste artigo, serão as pessoas jurídicas compelidas a cumpri-las e a reparar os danos causados, na forma prevista neste código.

Art. 23. A ignorância do fornecedor sobre os vícios de qualidade por inadequação dos produtos e serviços não o exime de responsabilidade.

Art. 24. A garantia legal de adequação do produto ou serviço independe de termo expresso, vedada a exoneração contratual do fornecedor.

Art. 25. É vedada a estipulação contratual de cláusula que impossibilite, exonere ou atenue a obrigação de indenizar prevista nesta e nas seções anteriores.

§ 1º Havendo mais de um responsável pela causação do dano, todos responderão solidariamente pela reparação prevista nesta e nas seções anteriores.

§ 2º Sendo o dano causado por componente ou peça incorporada ao produto ou serviço, são responsáveis solidários seu fabricante, construtor ou importador e o que realizou a incorporação.

Da Decadência e da Prescrição

Art. 26. O direito de reclamar pelos vícios aparentes ou de fácil constatação caduca em:

I - trinta dias, tratando-se de fornecimento de serviço e de produtos não duráveis;

II - noventa dias, tratando-se de fornecimento de serviço e de produtos duráveis.

§ 1º Inicia-se a contagem do prazo decadencial a partir da entrega efetiva do produto ou do término da execução dos serviços.

§ 2º Obstam a decadência:

I - a reclamação comprovadamente formulada pelo consumidor perante o fornecedor de produtos e serviços até a resposta negativa correspondente, que deve ser transmitida de forma inequívoca;

II - (Vetado).

6. Conhecer-se, é necessário

Extraido do Livro "Armas Não Letais"
Editora Ciência Moderna (lcm@lcm.com.br)

Lao Tsé dizia: "**Conhecer os outros é inteligência; conhecer-se, é verdadeira sabedoria. Controlar os outros é força; controlar-se, é verdadeiro poder**". Dentre todos os inimigos que supomos ter, acredite, nenhum deles consegue chegar aos pés de nós mesmos. Nós somos os nossos maiores adversários; o mais cruel, o mais complicado, o mais hipócrita, vaidoso, invejoso, mentiroso, preconceituoso, o mais demagogo, o mais ciumento; o mais orgulhoso, enfim, um inimigo que está dentro de nós e que nos acompanha dia após dia. O "primeiro passo" para que sejamos curados de uma determinada patologia, é reconhecer a doença. Enquanto não reconhecemos a doença o processo de cura não tem início. Certa vez li que "O pior doente é aquele que considera saúde sua própria enfermidade". Quando reconhecemos, lutamos e vencemos esta fera indomável, permitimos que o Espírito Santo de Deus assuma sua morada em nós. Quando isto acontece nos tornamos pessoas mais humanas, mais humildes, mais sensatas, mais carismáticas, benevolentes e tolerantes; enfim, mais próximas de Deus. Somos, é verdade, o templo do Espírito Santo; entretanto, em razão de uma natureza humana inclinada ao erro, vivemos entristecendo-o, e, de alguma forma expulsando-o de nós. Quando, por algum motivo, perdemos a batalha; quando um desses aspectos negativos da nossa natureza humana acaba nos envolvendo o resultado é muito sofrimento e muita dor. É óbvio que não é fácil, estes aspectos negativos existem em nós; somos seres humanos, não podemos negá-los; negar seria uma bobagem. Precisamos simplesmente dominá-los, para que não se tornem uma patologia em nós. Quando nos descuidamos, somos escravizados. Não é bom para ninguém, principalmente para quem atua no Segmento Segurança Privada.

"O coração do homem pode estar deprimido ou excitado.
Em qualquer dos dois casos o resultado será fatal"
Lao Tsé

7. Estatuto do Torcedor

Lei No 10.671, de 15 de Maio de 2003.

O PRESIDENTE DA REPÚBLICA Faz saber que o Congresso Nacional decreta e eu sanciono a seguinte Lei:

CAPÍTULO I
Disposições Gerais

Art. 1º Este Estatuto estabelece normas de proteção e defesa do torcedor.

Art. 1º A. A prevenção da violência nos esportes é de responsabilidade do poder público, das confederações, federações, ligas, clubes, associações ou entidades esportivas, entidades recreativas e associações de torcedores, inclusive de seus respectivos dirigentes, bem como daqueles que, de qualquer forma, promovem, organizam, coordenam ou participam dos eventos esportivos. (Incluído pela Lei nº 12.299, de 2010).

Art. 3º Para todos os efeitos legais, equiparam-se a fornecedor, nos termos da Lei no 8.078, de 11 de setembro de 1990, a entidade responsável pela organização da competição, bem como a entidade de prática desportiva detentora do mando de jogo.

CAPÍTULO IV
Da Segurança do Torcedor Partícipe do Evento Esportivo

Art. 13. O torcedor tem direito a segurança nos locais onde são realizados os eventos esportivos antes, durante e após a realização das partidas. (Vigência)

Parágrafo único. Será assegurada acessibilidade ao torcedor portador de deficiência ou com mobilidade reduzida.

Art. 13-A. São condições de acesso e permanência do torcedor no recinto esportivo, sem prejuízo de outras condições previstas em lei: (Incluído pela Lei nº 12.299, de 2010).

I - estar na posse de ingresso válido; (Incluído pela Lei nº 12.299, de 2010).

II - não portar objetos, bebidas ou substâncias proibidas ou suscetíveis de gerar ou possibilitar a prática de atos de violência; (Incluído pela Lei nº 12.299, de 2010).

III - consentir com a revista pessoal de prevenção e segurança; (Incluído pela Lei nº 12.299, de 2010).

IV - não portar ou ostentar cartazes, bandeiras, símbolos ou outros sinais com mensagens ofensivas, inclusive de caráter racista ou xenófobo; (Incluído pela Lei nº 12.299, de 2010).

V - não entoar cânticos discriminatórios, racistas ou xenófobos; (Incluído pela Lei nº 12.299, de 2010).

VI - não arremessar objetos, de qualquer natureza, no interior do recinto esportivo; (Incluído pela Lei nº 12.299, de 2010).

VII - não portar ou utilizar fogos de artifício ou quaisquer outros engenhos pirotécnicos ou produtores de efeitos análogos; (Incluído pela Lei nº 12.299, de 2010).

VIII - não incitar e não praticar atos de violência no estádio, qualquer que seja a sua natureza; e (Incluído pela Lei nº 12.299, de 2010).

IX - não invadir e não incitar a invasão, de qualquer forma, da área restrita aos competidores. (Incluído pela Lei nº 12.299, de 2010).

Parágrafo único. O não cumprimento das condições estabelecidas neste artigo implicará a impossibilidade de ingresso do torcedor ao recinto esportivo, ou, se for o caso, o seu afastamento imediato do recinto, sem prejuízo de outras sanções administrativas, civis ou penais eventualmente cabíveis. (Incluído pela Lei nº 12.299, de 2010).

Art. 14. Sem prejuízo do disposto nos arts. 12 a 14 da Lei nº 8.078, de 11 de setembro de 1990, a responsabilidade pela segurança do torcedor em evento esportivo é da entidade de prática desportiva detentora do mando de jogo e de seus dirigentes, que deverão:

I – solicitar ao Poder Público competente a presença de agentes públicos de segurança, devidamente identificados, responsáveis pela segurança dos torcedores dentro e fora dos estádios e demais locais de realização de eventos esportivos;

II - informar imediatamente após a decisão acerca da realização da partida, dentre outros, aos órgãos públicos de segurança, transporte e higiene, os dados necessários à segurança da partida, especialmente:

a) o local;

b) o horário de abertura do estádio;

c) a capacidade de público do estádio; e

d) a expectativa de público;

III - colocar à disposição do torcedor, orientadores e serviço de atendimento para que aquele encaminhe suas reclamações no momento da partida, em local:

a) amplamente divulgado e de fácil acesso; e

b) situado no estádio.

Art. 17. É direito do torcedor a implementação de planos de ação referentes a segurança, transporte e contingências que possam ocorrer durante a realização de eventos esportivos.

§ 1o Os planos de ação de que trata o caput:

§ 1o Os planos de ação de que trata o caput serão elaborados pela entidade responsável pela organização da competição, com a participação das entidades de prática desportiva que a disputarão e dos órgãos responsáveis pela segurança pública, transporte e demais contingências que possam ocorrer, das localidades em que se realizarão as partidas da competição. (Redação dada pela Lei nº 12.299, de 2010).

I - serão elaborados pela entidade responsável pela organização da competição, com a participação das entidades de prática desportiva que a disputarão; e

II - deverão ser apresentados previamente aos órgãos responsáveis pela segurança pública das localidades em que se realizarão as partidas da competição.

§ 2o Planos de ação especiais poderão ser apresentados em relação a eventos esportivos com excepcional expectativa de público.

§ 3o Os planos de ação serão divulgados no sítio dedicado à competição de que trata o parágrafo único do art. 5o no mesmo prazo de publicação do regulamento definitivo da competição.

Art. 18. Os estádios com capacidade superior a vinte mil pessoas deverão manter central técnica de informações, com infraestrutura suficiente para viabilizar o monitoramento por imagem do público presente. (Vigência)

Art. 18. Os estádios com capacidade superior a 10.000 (dez mil) pessoas deverão manter central técnica de informações, com infraestrutura suficiente para viabilizar o monitoramento por imagem do público presente. (Redação dada pela Lei nº 12.299, de 2010).

Art. 19. As entidades responsáveis pela organização da competição, bem como seus dirigentes respondem solidariamente com as entidades de que trata o art. 15 e seus dirigentes, independentemente da existência de culpa, pelos prejuízos causados a torcedor que decorram de falhas de segurança nos estádios ou da inobservância do disposto neste capítulo.

Art. 21. A entidade detentora do mando de jogo implementará, na organização da emissão e venda de ingressos, sistema de segurança contra falsificações, fraudes e outras práticas que contribuam para a evasão da receita decorrente do evento esportivo.

Art. 22. São direitos do torcedor partícipe: (Vigência)

I - que todos os ingressos emitidos sejam numerados; e

II - ocupar o local correspondente ao número constante do ingresso.

§ 1º O disposto no inciso II não se aplica aos locais já existentes para assistência em pé, nas competições que o permitirem, limitando-se, nesses locais, o número de pessoas, de acordo com critérios de saúde, segurança e bem-estar.

§ 2º missão de ingressos e o acesso ao estádio na primeira divisão da principal competição nacional e nas partidas finais das competições eliminatórias de âmbito nacional deverão ser realizados por meio de sistema eletrônico que viabilize a fiscalização e o controle da quantidade de público e do movimento financeiro da partida.

§ 3º O disposto no § 20 não se aplica aos eventos esportivos realizados em estádios com capacidade inferior a vinte mil pessoas.

§ 2º A emissão de ingressos e o acesso ao estádio nas primeira e segunda divisões da principal competição nacional e nas partidas finais das competições eliminatórias de âmbito nacional deverão ser realizados por meio de sistema eletrônico que viabilize a fiscalização e o controle da quantidade de público e do movimento financeiro da partida. (Redação dada pela Lei nº 12.299, de 2010).

§ 3º O disposto no § 20 não se aplica aos eventos esportivos realizados em estádios com capacidade inferior a 10.000 (dez mil) pessoas. (Redação dada pela Lei nº 12.299, de 2010).

Art. 25. O controle e a fiscalização do acesso do público ao estádio com capacidade para mais de vinte mil pessoas deverá contar com meio de monitoramento por imagem das catracas, sem prejuízo do disposto no art. 18 desta Lei. (Vigência)

Art. 25. O controle e a fiscalização do acesso do público ao estádio com capacidade para mais de 10.000 (dez mil) pessoas deverão contar com meio de monitoramento por imagem das catracas, sem prejuízo do disposto no art. 18 desta Lei. (Redação dada pela Lei nº 12.299, de 2010).

Art. 27. A entidade responsável pela organização da competição e a entidade de prática desportiva detentora do mando de jogo solicitarão formalmente, direto ou mediante convênio, ao Poder Público competente:

I - serviços de estacionamento para uso por torcedores partícipes durante a realização de eventos esportivos, assegurando a estes acesso a serviço organizado de transporte para o estádio, ainda que oneroso; e

II - meio de transporte, ainda que oneroso, para condução de idosos, crianças e pessoas portadoras de deficiência física aos estádios, partindo de locais de fácil acesso, previamente determinados.

Parágrafo único. O cumprimento do disposto neste artigo fica dispensado na hipótese de evento esportivo realizado em estádio com capacidade inferior a vinte mil pessoas.

Parágrafo único. O cumprimento do disposto neste artigo fica dispensado na hipótese de evento esportivo realizado em estádio com capacidade inferior a 10.000 (dez mil) pessoas. (Redação dada pela Lei nº 12.299, de 2010).

CAPÍTULO VII
Da Alimentação e da Higiene

Art. 28. O torcedor partícipe tem direito à higiene e à qualidade das instalações físicas dos estádios e dos produtos alimentícios vendidos no local.

§ 1º O Poder Público, por meio de seus órgãos de vigilância sanitária, verificará o cumprimento do disposto neste artigo, na forma da legislação em vigor.

§ 2º É vedado impor preços excessivos ou aumentar sem justa causa os preços dos produtos alimentícios comercializados no local de realização do evento esportivo.

Art. 29. É direito do torcedor partícipe que os estádios possuam sanitários em número compatível com sua capacidade de público, em plenas condições de limpeza e funcionamento.

Parágrafo único. Os laudos de que trata o art. 23 deverão aferir o número de sanitários em condições de uso e emitir parecer sobre a sua compatibilidade com a capacidade de público do estádio.

CAPÍTULO VIII
Da Relação com a Arbitragem Esportiva

Art. 30. É direito do torcedor que a arbitragem das competições desportivas seja independente, imparcial, previamente remunerada e isenta de pressões.

Parágrafo único. A remuneração do árbitro e de seus auxiliares será de responsabilidade da entidade de administração do desporto ou da liga organizadora do evento esportivo.

Art. 31. A entidade detentora do mando do jogo e seus dirigentes deverão convocar os agentes públicos de segurança visando a garantia da integridade física do árbitro e de seus auxiliares.

CAPÍTULO IX
Da Relação com a Entidade de Prática Desportiva

Art. 33. Sem prejuízo do disposto nesta Lei, cada entidade de prática desportiva fará publicar documento que contemple as diretrizes básicas de seu relacionamento com os torcedores, disciplinando, obrigatoriamente: (Vigência)

I - o acesso ao estádio e aos locais de venda dos ingressos;

II - mecanismos de transparência financeira da entidade, inclusive com disposições relativas à realização de auditorias independentes, observado o disposto no art. 46-A da Lei nº 9.615, de 24 de março de 1998; e

III - a comunicação entre o torcedor e a entidade de prática desportiva.

Parágrafo único. A comunicação entre o torcedor e a entidade de prática desportiva de que trata o inciso III do caput poderá, dentre outras medidas, ocorrer mediante:

I - a instalação de uma ouvidoria estável;

II - a constituição de um órgão consultivo formado por torcedores não sócios; ou

III - reconhecimento da figura do sócio torcedor, com direitos mais restritos que os dos demais sócios.

Art. 39. O torcedor que promover tumulto, praticar ou incitar a violência, ou invadir local restrito aos competidores ficará impedido de comparecer às proximidades, bem como a qualquer local em que se realize evento esportivo, pelo prazo de três meses a um ano, de acordo com a gravidade da conduta, sem prejuízo das demais sanções cabíveis. (Revogado pela Lei nº 12.299, de 2010).

§ 1º Incorrerá nas mesmas penas o torcedor que promover tumulto, praticar ou incitar a violência num raio de cinco mil metros ao redor do local de realização do evento esportivo.

§ 2º A verificação do mau torcedor deverá ser feita pela sua conduta no evento esportivo ou por Boletins de Ocorrências Policiais lavrados.

§ 3º A apenação se dará por sentença dos juizados especiais criminais e deverá ser provocada pelo Ministério Público, pela polícia judiciária, por qualquer autoridade, pelo mando do evento esportivo ou por qualquer torcedor partícipe, mediante representação.

Art. 39-A. A torcida organizada que, em evento esportivo, promover tumulto; praticar ou incitar a violência; ou invadir local restrito aos competidores, árbitros, fiscais, dirigentes, organizadores ou jornalistas será impedida, assim como seus associados ou membros, de comparecer a eventos esportivos pelo prazo de até 3 (três) anos. (Incluído pela Lei nº 12.299, de 2010).

Art. 39-B. A torcida organizada responde civilmente, de forma objetiva e solidária, pelos danos causados por qualquer dos seus associados ou membros no local do evento esportivo, em suas imediações ou no trajeto de ida e volta para o evento. (Incluído pela Lei nº 12.299, de 2010).

CAPÍTULO XI-A
Dos Crimes

(Incluído pela Lei nº 12.299, de 2010).

Art. 41-B. Promover tumulto, praticar ou incitar a violência, ou invadir local restrito aos competidores em eventos esportivos: (Incluído pela Lei nº 12.299, de 2010).

Pena - reclusão de 1 (um) a 2 (dois) anos e multa. (Incluído pela Lei nº 12.299, de 2010).

§ 1º Incorrerá nas mesmas penas o torcedor que: (Incluído pela Lei nº 12.299, de 2010).

I - promover tumulto, praticar ou incitar a violência num raio de 5.000 (cinco mil) metros ao redor do local de realização do evento esportivo, ou durante o trajeto de ida e volta do local da realização do evento; (Incluído pela Lei nº 12.299, de 2010).

II - portar, deter ou transportar, no interior do estádio, em suas imediações ou no seu trajeto, em dia de realização de evento esportivo, quaisquer instrumentos que possam servir para a prática de violência. (Incluído pela Lei nº 12.299, de 2010).

§ 2º Na sentença penal condenatória, o juiz deverá converter a pena de reclusão em pena impeditiva de comparecimento às proximidades do estádio, bem como a qualquer local em que se realize evento esportivo, pelo prazo de 3 (três) meses a 3 (três) anos, de acordo com a gravidade da conduta, na hipótese de o agente ser primário, ter bons antecedentes e não ter sido punido anteriormente pela prática de condutas previstas neste artigo. (Incluído pela Lei nº 12.299, de 2010).

§ 3º A pena impeditiva de comparecimento às proximidades do estádio, bem como a qualquer local em que se realize evento esportivo, converter-se-á em privativa de liberdade quando ocorrer o descumprimento injustificado da restrição imposta. (Incluído pela Lei nº 12.299, de 2010).

§ 4º Na conversão de pena prevista no § 20, a sentença deverá determinar, ainda, a obrigatoriedade suplementar de o agente permanecer em estabelecimento indicado pelo juiz, no período compreendido entre as 2 (duas) horas antecedentes e as 2 (duas) horas posteriores à realização de partidas de entidade de prática desportiva ou de competição determinada. (Incluído pela Lei nº 12.299, de 2010).

§ 5º Na hipótese de o representante do Ministério Público propor aplicação da pena restritiva de direito prevista no art. 76 da Lei no 9.099, de 26 de setembro de 1995, o juiz aplicará a sanção prevista no § 20. (Incluído pela Lei nº 12.299, de 2010).

Art. 41-C. Solicitar ou aceitar, para si ou para outrem, vantagem ou promessa de vantagem patrimonial ou não patrimonial para qualquer ato ou omissão destinado a alterar ou falsear o resultado de competição esportiva: (Incluído pela Lei nº 12.299, de 2010).

Pena - reclusão de 2 (dois) a 6 (seis) anos e multa. (Incluído pela Lei nº 12.299, de 2010).

Art. 41-D. Dar ou prometer vantagem patrimonial ou não patrimonial com o fim de alterar ou falsear o resultado de uma competição desportiva: (Incluído pela Lei nº 12.299, de 2010).

Pena - reclusão de 2 (dois) a 6 (seis) anos e multa. (Incluído pela Lei nº 12.299, de 2010).

Art. 41-E. Fraudar, por qualquer meio, ou contribuir para que se fraude, de qualquer forma, o resultado de competição esportiva: (Incluído pela Lei nº 12.299, de 2010).

Pena - reclusão de 2 (dois) a 6 (seis) anos e multa. (Incluído pela Lei nº 12.299, de 2010).

Art. 41-F. Vender ingressos de evento esportivo, por preço superior ao estampado no bilhete: (Incluído pela Lei nº 12.299, de 2010).

Pena - reclusão de 1 (um) a 2 (dois) anos e multa. (Incluído pela Lei nº 12.299, de 2010).

Art. 41-G. Fornecer, desviar ou facilitar a distribuição de ingressos para venda por preço superior ao estampado no bilhete: (Incluído pela Lei nº 12.299, de 2010).

Pena - reclusão de 2 (dois) a 4 (quatro) anos e multa. (Incluído pela Lei nº 12.299, de 2010).

Parágrafo único. A pena será aumentada de 1/3 (um terço) até a metade se o agente for servidor público, dirigente ou funcionário de entidade de prática desportiva, entidade responsável pela organização da competição, empresa contratada para o processo de emissão, distribuição e venda de ingressos ou torcida organizada e se utilizar desta condição para os fins previstos neste artigo. (Incluído pela Lei nº 12.299, de 2010).

CAPÍTULO XII
DISPOSIÇÕES FINAIS E TRANSITÓRIAS

8. Lei Contra a Economia Popular

Lei número 1.521 de 26 de Dezembro de 1951

Art. 1º. Serão punidos, na forma desta Lei, os crimes e as contravenções contra a economia popular, Esta Lei regulará o seu julgamento

Art. 2º. São crimes desta natureza:

I - recusar individualmente em estabelecimento comercial a prestação de serviços essenciais à subsistência; sonegar mercadoria ou recusar vendê-la a quem esteja em condições de comprar a pronto pagamento;

II - favorecer ou preferir comprador ou freguês em detrimento de outro, ressalvados os sistemas de entrega ao consumo por intermédio de distribuidores ou revendedores;

III - expor à venda ou vender mercadoria ou produto alimentício, cujo fabrico haja desatendido a determinações oficiais, quanto ao peso e composição;

IV - negar ou deixar o fornecedor de serviços essenciais de entregar ao freguês a nota relativa à prestação de serviço, desde que a importância exceda de quinze cruzeiros, e com a indicação do preço, do nome e endereço do estabelecimento, do nome da firma ou responsável, da data e local da transação e do nome e residência do freguês;

V - misturar gêneros e mercadorias de espécies diferentes, expô-los à venda ou vendê-los, como puros; misturar gêneros e mercadorias de qualidades desiguais para expô-los à venda ou vendê-los por preço marcado para os de mais alto custo;

VI - transgredir tabelas oficiais de gêneros e mercadorias, ou de serviços essenciais, bem como expor à venda ou oferecer ao público ou vender tais gêneros, mercadorias ou serviços, por preço superior ao tabelado, assim como não manter afixadas, em lugar visível e de fácil leitura, as tabelas de preços aprovadas pelos órgãos competentes;

VII - negar ou deixar o vendedor de fornecer nota ou caderno de venda de gêneros de primeira necessidade, seja à vista ou a prazo, e cuja importância exceda de dez cruzeiros, ou de especificar na nota ou caderno - que serão isentos de selo - o preço da mercadoria vendida, o nome e o endereço do estabelecimento, a firma ou o responsável, a data e local da transação e o nome e residência do freguês;

VIII - celebrar ajuste para impor determinado preço de revenda ou exigir do comprador que não compre de outro vendedor;

IX - obter ou tentar obter ganhos ilícitos em detrimento do povo ou de número indeterminado de pessoas mediante especulações ou processos fraudulentos ("bola de neve", "cadeias", "pichardismo" e quaisquer outros equivalentes);

X - violar contrato de venda a prestações, fraudando sorteios ou deixando de entregar a coisa vendida, sem devolução das prestações pagas, ou descontar destas, nas vendas com reserva de domínio, quando o contrato for rescindido por culpa do comprador, quantia maior do que a correspondente à depreciação do objeto.

XI - fraudar pesos ou medidas padronizados em lei ou regulamentos; possuí-los ou detê-los, para efeitos de comércio, sabendo estarem fraudados.

Parágrafo único. Na configuração dos crimes previstos nesta Lei, bem como na de qualquer outro de defesa da economia popular, sua guarda e seu emprego considerar-se-ão como de primeira necessidade ou necessários ao consumo do povo, os gêneros, artigos, mercadorias e qualquer outra espécie de coisas ou bens indispensáveis à subsistência do indivíduo em condições higiênicas e ao exercício normal de suas atividades. Estão compreendidos nesta definição os artigos destinados à alimentação, ao vestuário e à iluminação, os terapêuticos ou sanitários, o combustível, a habitação e os materiais de construção.

Art. 3º. São também crimes desta natureza:

I - destruir ou inutilizar, intencionalmente e sem autorização legal, com o fim de determinar alta de preços, em proveito próprio ou de terceiro, matérias-primas ou produtos necessários ao consumo do povo;

II - abandonar ou fazer abandonar lavoura ou plantações, suspender ou fazer suspender a atividade de fábricas, usinas ou quaisquer estabelecimentos de produção, ou meios de transporte, mediante indenização paga pela desistência da competição;

III - promover ou participar de consórcio, convênio, ajuste, aliança ou fusão de capitais, com o fim de impedir ou dificultar, para o efeito de aumento arbitrário de lucros, a concorrência em matéria de produção, transportes ou comércio;

IV - reter ou açambarcar matérias-primas, meios de produção ou produtos necessários ao consumo do povo, com o fim de dominar o mercado em qualquer ponto do País e provocar a alta dos preços;

V - vender mercadorias abaixo do preço de custo com o fim de impedir a concorrência.

VI - provocar a alta ou baixa de preços de mercadorias, títulos públicos, valores ou salários por meio de notícias falsas, operações fictícias ou qualquer outro artifício;

VII - dar indicações ou fazer afirmações falsas em prospectos ou anúncios, para fim de substituição, compra ou venda de títulos, ações ou quotas;

VIII - exercer funções de direção, administração ou gerência de mais de uma empresa ou sociedade do mesmo ramo de indústria ou comércio com o fim de impedir ou dificultar a concorrência;

IX - gerir fraudulenta ou temerariamente bancos ou estabelecimentos bancários, ou de capitalização; sociedades de seguros, pecúlios ou pensões vitalícias; sociedades para empréstimos ou financiamento de construções e de vendas e imóveis a prestações, com ou sem sorteio ou preferência por meio de pontos ou quotas; caixas econômicas; caixas Raiffeisen; caixas mútuas, de beneficência, socorros ou empréstimos; caixas de pecúlios, pensão e aposentadoria; caixas construtoras; cooperativas; sociedades de economia coletiva, levando-as à falência ou à insolvência, ou não cumprindo qualquer das cláusulas contratuais com prejuízo dos interessados;

X - fraudar de qualquer modo escriturações, lançamentos, registros, relatórios, pareceres e outras informações devidas a sócios de sociedades civis ou comerciais, em que o capital seja fracionado em ações ou quotas de valor nominativo igual ou inferior a um mil cruzeiros com o fim de sonegar lucros, dividendos, percentagens, rateios ou bonificações, ou de desfalcar ou de desviar fundos de reserva ou reservas técnicas.

Rio de Janeiro, 26 de dezembro de 1951; 130º da Independência e 63º da República.

9. Planejamento Estratégico de Segurança para a Copa do Mundo Fifa Brasil 2014

Janeiro de 2012

Ministério da Justiça - Secretaria Extraordinária de Segurança para Grandes Eventos

Planejamento Estratégico de Segurança para a Copa do Mundo FIFA Brasil 2014

Presidenta da República - Dilma Roussef

A Copa do Mundo FIFA Brasil 2014 requer uma das maiores operações de segurança em nível internacional. Os preparativos exigem um planejamento feito ao longo de vários anos, em parceria com a Gerência Geral de Segurança do Comitê Organizador da Copa do Mundo FIFA Brasil 2014 e a incorporação gradual de novas práticas e das mais avançadas tecnologias.

Em eventos dessa magnitude, a área de Segurança Pública deve ser vista por um prisma abrangente, que também englobe ações voltadas aos serviços de urgência, para que estes sejam capazes de responder a quaisquer ameaças à segurança e à incolumidade da população em geral, dos espectadores, das delegações, das comitivas e dos convidados para o megaevento. Assim, o planejamento estratégico de segurança pública deve prever medidas de gerenciamento e resposta em caso de catástrofes naturais, distúrbios civis e quaisquer outros acontecimentos que coloquem em risco a segurança da sociedade ou do Estado.

Dado o elevado nível de mobilização das forças de segurança pública, será necessário um incremento substancial de recursos humanos para o desempenho da missão, pois todo aparato deve estar preparado antes mesmo do período de uso exclusivo e assim manter-se até a fase da desmobilização pós-evento. Evidentemente, tamanha movimentação causará enorme impacto sobre a capacidade de prestação cotidiana da segurança pública e da manutenção da ordem. Tal efeito é verificado não apenas no Brasil, mas em qualquer país que se proponha a sediar um evento dessa magnitude. Assim, o Estado brasileiro precisa munir-se de meios necessários para fazer frente a esse enorme desafio, prestando à sociedade um serviço de segurança pública pautado na eficiência, balizada por padrões de qualidade internacionais.

Embora o sucesso das ações de segurança pública durante o evento esteja intimamente ligado aos resultados da totalidade das políticas de segurança pública, necessária é a distinção das ações ordinárias de segurança pública (combate à violência, ao crime organizado, ao narcotráfico, etc.) das ações de segurança pública para a Copa das Confederações Brasil 2013, Copa do Mundo FIFA Brasil 2014 e eventos conhecidos, dadas as especificidades desses megaeventos.

Assim, para que as estratégias de Estado para a Segurança Pública durante os Grandes Eventos sejam coordenadas de maneira uniforme, foi criada, pelo Decreto nº 7.538, de 1º de agosto de 2011, a Secretaria Extraordinária de Segurança para Grandes Eventos (SESGE), órgão do Ministério da Justiça, com o propósito de planejar, definir, coordenar, implementar, acompanhar e avaliar as ações de segurança pública para os Grandes Eventos, com destaque para a Copa das Confederações da FIFA Brasil 2013, a Copa do Mundo da FIFA Brasil 2014, além de outros eventos designados pela Presidência da República.

O desafio da SESGE/MJ está concentrado principalmente em articular esforços, promover a integração, a organização e a interoperabilidade de recursos humanos e materiais, das estruturas organizacionais e direcionar a aplicação de fundos públicos com razoabilidade, eficiência e eficácia, visando à obtenção de um ambiente pacífico e seguro para a realização do evento. Além disso, destaca-se o legado que as ações e investimentos deixarão para a segurança pública. Assim, o Planejamento Estratégico de Segurança para a Copa do Mundo da FIFA Brasil 2014 e eventos correlatos constitui ferramenta essencial para orientar o monitoramento e a avaliação de impacto e da efetividade das ações a serem desenvolvidas. Este Planejamento Estratégico será constantemente atualizado e adaptado às mudanças do cenário nacional e internacional.

O Governo brasileiro manifestou a importância da mobilização proporcionada pelo evento, considerando que Copa do Mundo é um dos evento de maior visibilidade e número de espectadores em todo o mundo, constituindo assim uma grande oportunidade de projeção do Brasil no cenário internacional.

As falhas de segurança pública, além de poderem ocasionar vítimas fatais e perdas patrimoniais, causariam enorme prejuízo à imagem do País. Decorre da necessidade de mitigar os riscos desta missão a elevada importância do presente Planejamento Estratégico de Segurança Pública.
Brasília, DF, janeiro de 2012.
Secretaria Extraordinária de Segurança para Grandes Eventos

9.1. Introdução

A Copa do Mundo é um torneio de futebol masculino realizado a cada quatro anos pela *Federation International Football Association* (FIFA). É um dos eventos de maior visibilidade do mundo.

Já foram realizadas dezesseis edições desse grande evento e a primeira ocorreu na cidade de Montevidéu, Uruguai, em julho do ano de 1930, com a participação de treze países, que distribuíram suas partidas em apenas três estádios de futebol.

Desde 1930, as únicas edições que não ocorreram foram as previstas para os anos 1942 e 1946, em virtude da eclosão da Segunda Guerra Mundial.

No dia 30 de outubro de 2007, a FIFA anunciou oficialmente o Brasil como sede da Copa do Mundo de 2014. O País receberá a competição pela segunda vez, após sessenta e quatro anos, com a participação de trinta e dois países.

As cidades escolhidas como sedes dos jogos foram: Belo Horizonte – MG, Brasília – DF, Cuiabá – MT, Curitiba – PR, Fortaleza -CE, Manaus – AM, Natal – RN, Porto Alegre – RS, Recife-PE, Rio de Janeiro -RJ, São Paulo – SP e Salvador BA.

O principal evento que credenciou o Brasil a sediar a Copa de 2014 foi a realização bem-sucedida dos Jogos Pan-americanos e Parapan-americanos Rio 2007, cuja marca na Segurança pública foi a mudança de paradigma, que superou a tradicional política de exclusão e contenção, mediante a adoção de políticas de inclusão e controle, sob o amplo domínio do Estado Democrático de Direito e da proteção aos Direitos Humanos. Esses avanços foram os principais legados dos Jogos na área de segurança pública.

A mobilização de efetivos e meios para os Jogos Pan e Parapanamericanos Rio 2007, promovida pelo Ministério da Justiça, por intermédio da Secretaria Nacional de Segurança Pública (SENASP/MJ), obteve sucesso na difusão de um novo modelo de Segurança Pública, com a capacitação de profissionais, o desenvolvimento de técnicas, tecnologias e aquisição de equipamentos de segurança para as três esferas de Governo, constituindo-se numa experiência sem precedentes no Brasil.

A Copa do Mundo de 2014 constituirá forte plataforma para o aperfeiçoamento de diversas áreas dos serviços públicos, com inegável destaque para a área de segurança pública com cidadania. Evidentemente, todas as ações terão no esporte -e em seu espírito de inclusão -a sua força propulsora.

A realização de uma Copa do Mundo de Futebol e dos eventos subordinados exige do país anfitrião a elaboração de estratégia que garanta a eficiente prestação de segurança pública antes, durante e após a realização do evento. Assim, sem dúvida, a preparação das forças de segurança pública é tarefa de enorme complexidade, que exige planejamento, articulação e integração.

Embora essa seja uma tarefa complexa, trata-se de verdadeira oportunidade para que a área de segurança pública experimente grandes avanços, mediante a qualificação dos recursos humanos, a incorporação de novas tecnologias e a integração de sistemas, dentre outros fatores.

9.2. O Maior Legado: A Integração

O Governo brasileiro tem a real dimensão da importância do sucesso das ações de segurança durante a Copa do Mundo. Entretanto, é necessário que os esforços e os investimentos públicos realizados nessa área traduzam-se em avanços permanentes para a sociedade, representando um salto qualitativo na redução permanente dos índices de criminalidade. Assim, torna-se indiscutível a necessidade de que todo o planejamento tenha foco no legado a ser deixado para a área de segurança pública. Portanto, todos os investimentos em aquisição de equipamentos e na elaboração de estratégias devem priorizar a incorporação destes às políticas permanentes de segurança pública. Além disso, todos os esforços devem ser direcionados à efetiva integração das instituições brasileiras, e dessas com a Gerência Geral de Segurança do Comitê Organizador da Copa do Mundo FIFA Brasil 2014, pois, como se sabe, a ausência de integração entre os diversos órgãos é um dos grandes fatores que obstaculizam a redução dos índices de criminalidade e desperdiçam recursos públicos.

Todo o escopo do planejamento estratégico para a segurança pública durante a Copa do Mundo objetiva à integração das instituições, com consequentes resultados na forma de utilização de recursos humanos, materiais e financeiros.

A SESGE atuará de forma estratégica na coordenação e na execução das ações nas três esferas de governo. No âmbito nacional, coordenará as ações e promoverá a integração da Polícia Federal, da Polícia Rodoviária Federal, da Força Nacional de Segurança Pública e da Receita Federal, bem como articulará com o Ministério da Defesa a participação das Forças Armadas em questões específicas, tais como a segurança estratégica da infraestrutura crítica e do espaço cibernético e a ABIN as atividades de Inteligência.

No âmbito estadual e municipal, a SESGE, em parceria com as Secretarias de Segurança/Defesa Social, promoverá a integração das ações dos diversos órgãos, tanto nas questões operacionais como nas ações de inteligência, e em âmbito privado, através e em parceria com a Gerência Geral de Segurança do Comitê Organizador da Copa do Mundo FIFA Brasil 2014.

Para a realização desses propósitos, unidades integradas de comando e/ou cooperação serão criadas em níveis internacional, nacional, regional e local (fixas, instaladas nos estádios e locais de competição; e as móveis), o que permitirá acompanhar, simultaneamente, a evolução de um ou mais eventos em determinada cidade-sede. A experiência adquirida durante o processo, bem como a infraestrutura montada, ficará como legado para a política permanente de segurança pública.

9.3. Objetivos e Conteúdo

O presente Planejamento Estratégico fornece um resumo geral das principais medidas e atividades a serem implementadas pelas autoridades e organizações envolvidas, em todos os níveis de Governo, para a organização dos eventos. Norteará as ações antes, durante e após as partidas, para garantir a realização pacífica e segura da competição. O cenário do planejamento é a descrição das situações que exigirão concentração de esforços e as medidas a serem aplicadas nas doze cidades-sede. Em princípio, o conteúdo deste planejamento também é aplicável aos municípios vizinhos às cidades-sede, pois estes poderão ser destinos turísticos e/ou serão locais de hospedagem de seleções, delegações, centros de treinamento, etc.

Este planejamento não especifica os detalhes dos planos estratégicos, tático e operacional de segurança pública. Estes, construídos em conjunto com os demais entes federados, serão anexados ao presente documento. Todos esses documentos terão caráter reservado e sofrerão permanente atualização. Portanto, não serão levados ao conhecimento público, mas somente dos órgãos e autoridades com competência ou atribuição sobre a matéria e que tenham necessidade de conhecê-los.

9.4. Escopo da Ação

9.4.1. Objetivos do Poder Público

As medidas articuladas pela SESGE/MJ têm os seguintes objetivos:
- Propiciar a realização harmoniosa e pacífica dos jogos, mediante a integração das estruturas e processos já aprovados em grandes eventos, tais como o Carnaval, Reveillon, Festivais de Música (Rock in Rio, Festival de Verão, FIFA Fan Fest), Jogos Pan-americanos e Parapan-americanos Rio 2007;
- Possibilitar a prestação de uma segurança pública eficaz, baseada nos princípios da proporcionalidade, da discrição e do respeito aos Direitos Humanos;
- Implementar medidas de ação sistemática contra desordeiros;
- Prevenir e combater a violência, a criminalidade em geral, o turismo sexual e a prostituição infanto-juvenil, especificamente;
- Garantir o funcionamento seguro e contínuo da rede de mobilidade urbana;
- Garantir os primeiros socorros às pessoas feridas;
- Alcançar um grau máximo de harmonização das normas de segurança nos Estados Federados, visando à padronização dos serviços de segurança pública ofertados aos visitantes.
- Realizar investimentos que representem avanços tecnológicos duradouros para a área de segurança pública.

4.2. Eixos de ação

São três os grandes eixos de ação a serem trabalhados pelas estruturas governamentais:

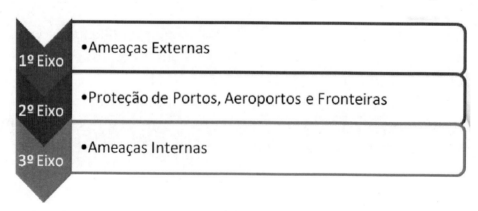

9.4.2.1. Primeiro Eixo: Ameaças Externas
9.4.2.1.1. Relações Internacionais

Nesse primeiro eixo, as ações da Secretaria Extraordinária de Segurança para Grandes Eventos viabilizarão o aperfeiçoamento dos mecanismos de fiscalização do tráfego internacional de pessoas, materiais e capitais, mediante a destinação de recursos para a implentação de sistemas de dados voltados à difusão de informações criminais.

Nesse âmbito de articulações, importa dizer que a Polícia Federal brasileira já possui acesso ao sistema I24/7 da Polícia Criminal Internacional – INTERPOL, que centraliza difusões de informações criminais emitidas por 188 países. Esses dados são úteis para a identificação de procurados internacionais, desaparecidos, veículos subtraídos ou de pessoas cuja presença no território brasileiro seja indesejável.

Atualmente, esses dados estão restritos ao âmbito da Interpol Brasil, representada pela Polícia Federal. Pretende-se, pois, dar acesso a esse sistema a outros órgãos que integrem a cadeia articulada de segurança pública. Assim, com a sua disponibilização, esses bancos de dados serão eficazes ferramenta nos pontos de controle migratório, que poderão aperfeiçoar e aumentar a abrangência de suas ações fiscalizatórias.

Além disso, a integração desse sistema aos bancos de dados nacionais permitirá ao Ministério das Relações Exteriores utilizá-lo como ferramenta de consulta para a análise dos pedidos de concessão de vistos de entrada no País, quando a legislação nacional o exigir. Tal medida significará a possibilidade de controle prévio de pessoas com históricos criminais que pretendam dirigir-se ao Brasil.

Com o objetivo de aperfeiçoar os mecanismos de cooperação internacional na área de segurança pública, a SESGE tem mantido interface com a Comunidade de Polícia das Américas -AMERIPOL, com a Organização dos Estados Americanos – OEA e com a Organização das Nações Unidas – ONU. Essas ações, além do intercâmbio de informações, possibilitarão a implantação, no Brasil, de experiências exitosas em outras partes do mundo.

É necessário ressaltar que, em cumprimento ao programa de radicação da Polícia Federal em solo estrangeiro, foram intensificadas as relações do Brasil com os outros países, mediante a fixação de adidos policiais em diversas embaixadas brasileiras, com a missão de facilitar o intercâmbio de informações e a cooperação na área de segurança pública. Assim, o Brasil já conta com uma maior articulação internacional que, devidamente integrada a outros órgãos do sistema de segurança pública, representará grande avanço no que se refere ao fluxo de informações.

9.4.2.2. Segundo Eixo: Proteção de Portos, Aeroportos e Fronteiras

A questão central nesse 2º Eixo é o combate às organizações terroristas e ao crime organizado. Neste último caso, a ênfase será sobre o combate ao narcotráfico, ao tráfico de armas, ao tráfico de pessoas e ao contrabando/descaminho. Por esse motivo, a integração de todos os órgãos de fiscalização envolvidos deve ser realizada de maneira sustentável e em respeito às atribuições constitucionais de cada instituição envolvida.

A segurança das fronteiras e o estabelecimento de um adequado controle de pessoas, bagagens, mercadorias e veículos é um problema mundial. No entanto, as características geográficas brasileiras impõem às Forças de Segurança Pública um enorme desafio estratégico, posto que as fronteiras terrestres brasileiras perfazem um total de 15.719 quilômetros e representam cerca de 68% de toda a extensão dos limites territoriais do país, colocando o Brasil em contato com 10 (dez) outras nações sul-americanas. Essas fronteiras são definidas pelos seguintes componentes: a) rios = 50%; b) serras = 25%; c) lagos = 5%; e d) linhas geodésicas = 20%. Além disso, a faixa costeira brasileira estende-se por 7.367 km e corresponde a 32% de toda a extensão fronteiriça[1].

Portanto, dada a grandiosidade dos números apresentados, a utilização de estruturas tecnológicas e de inteligência é de fundamental importância para um sistema de segurança de fronteira que proteja o país de riscos externos.

Em que pesem tais desafios, as operações nas fronteiras já começaram a ser realizadas de forma integrada. Com o apoio logístico do Exército, a Polícia Federal vem conduzindo investigações e ações de inteligência. Além disso, em conjunto com a Força Nacional de Segurança Pública, a PF tem realizado ações ostensivas de controle e ocupação das fronteiras. Em alguns estados fronteiriços, essas ações da Polícia Federal são realizadas com a participação das polícias estaduais.

Atualmente, encontram-se em estágio avançado os procedimentos para a interligação dos bancos de dados dos Estados. O Governo Federal e muitas das unidades da federação contam com o sistema AFIS (*Automated Fingerprint Identification System*),

---
[1] Fonte: IBGE.

valiosa ferramenta tecnológica utilizada para comparar uma impressão digital com impressões previamente arquivadas no banco de dados do sistema. Entretanto, os bancos de dados estaduais não se comunicam e a sua interligação é fundamental para o avanço da segurança pública. Assim, a utilização integrada do AFIS tornará mais eficiente o controle migratório, com a efetiva utilização de ferramenta que se vale de informações biométricas capazes de identificar indivíduos, nacionais ou estrangeiros.

Futuramente, serão incorporados a essas ações integradas o Ministério do Meio Ambiente, a Receita Federal, como também a Marinha e a FAB, para que as organizações criminosas que atuam na área de fronteira sejam atacadas em todos os seus vetores de atuação.

Outro instrumento tecnológico fundamental para a fiscalização das fronteiras brasileiras é a proposta de aquisição, para a Receita Federal do Brasil, de scanners móveis e portáteis a serem utilizados em veículos para o combate ao transporte de materiais ilícitos. Paralelamente, a Polícia Federal e a Aeronáutica já adquiriram veículos aéreos não tripulados (VANT), que atuarão na vigilância das fronteiras, fornecendo imagens aéreas e dados de inteligência úteis para as ações de segurança pública.

O Brasil é signatário do Código Internacional para Proteção de Navios e Instalações Portuárias (*International Ship and Port Facility Security Code – ISPS Code*), que estabelece padrões para a certificação de portos dos países signatários. No Brasil, a certificação será feita pela Comissão Nacional de Segurança Pública nos Portos, Terminais e Vias Navegáveis (CONPORTOS). Em razão disso, a SESGE tem planejado ações de fortalecimento da CONPORTOS, para o efetivo cumprimento dos compromissos elencados no Plano Nacional de Segurança Pública Portuária. Portanto, fortalecer a CONPORTOS e suas representações estaduais, as Comissões Estaduais de Segurança Pública nos Portos, Terminais e Vias Navegáveis (CESPORTOS) é condição *sine qua non* para a segurança das instalações portuárias e o efetivo cumprimento dos compromissos elencados no Plano Nacional de Segurança Pública Portuária.

Na área segurança aeroportuária, o Decreto n.º 7.168, de 05 de maio de 2010, instituiu o Programa Nacional de Segurança da Aviação Civil Contra Atos de Interferência Ilícita (PNAVSEC), estabelecendo que as suas diretrizes devam ser incorporadas aos planos e programas específicos de segurança da aviação civil e aos procedimentos das demais organizações envolvidas na operação dos aeroportos, de acordo com suas características específicas, de forma a garantir nível adequado de proteção contra atos de interferência ilícita. Assim, a SESGE, norteada pelo princípio da integração, voltará seus esforços para a efetiva implantação do PNAVSEC.

9.4.2.3. Terceiro Eixo: ameaças internas – segurança interna e estabilidade

Em âmbito interno, a segurança pública será executada nos três níveis de Governo. Portanto, o papel fundamental da Secretaria Extraordinária será o de fortalecer as instituições de Segurança Pública, criando oportunidades para efetivas discussões, planejamentos, capacitações e realizações de eventos testes, buscando a excelência de todas as ações, com foco na realização da Copa das Confederações Brasil 2013, Copa do Mundo FIFA Brasil 2014 e eventos subordinados.

A SESGE não ambiciona elaborar ou financiar projetos com dimensionamentos exagerados dos quais decorram gastos públicos exorbitantes. O objetivo é utilizar os programas já existentes, permitindo que as instituições de Segurança Pública possam ser beneficiadas com a assimilação de modernos conceitos, tecnologias e metodologias que possam ser aplicadas antes, durante e depois dos Grandes Eventos.

Outro ponto não menos importante é a consolidação da Segurança Cidadã, amplamente promovida pelo Governo Federal. Entendida como um bem público, a segurança cidadã vincula-se ao conceito de uma ordem democrática que reduza as ameaças de violência e permita a convivência segura e pacífica. Concerne, em essência, na tutela efetiva dos Direitos.

Por fim, nota-se que o maior desafio da SESGE será o de garantir condições adequadas para que todos os órgãos de segurança pública, envolvidos direta e indiretamente com o megaevento, integrem-se em suas ações, tendo como único foco o bem estar do cidadão.

O aperfeiçoamento da integração e o desenvolvimento de canais de comunicação e protocolos de relacionamento (a fim de garantir um fluxo de informações que devem ser compartilhadas) têm como meta a concretização da integração entre as instituições de Segurança Pública. Independentemente de quaisquer outras ferramentas administrativas e operacionais colocadas à disposição dos órgãos, a integração definitiva das instituições será o maior de todos os legados e, certamente, justifica a realização da Copa do Mundo de 2014 no Brasil.

5.3. Responsabilidades das Autoridades Públicas

A realização pacífica e segura da Copa de 2014 nas doze cidades-sede só será possível com o trabalho de todas as instituições envolvidas, integradas em um sistema cooperativo e funcionando como uma verdadeira rede de Segurança Pública.

A SESGE/MJ deverá coordenar todas as tarefas operacionais afetas aos órgãos de Segurança Pública, objetivando a adoção das medidas necessárias em nível federal, estadual e municipal.

As Forças Armadas e a Força Nacional de Segurança Pública atuarão de acordo com as suas atribuições constitucionais e legais.

9.4.4 Responsabilidades de Agências Privadas

No que se refere às medidas de segurança nos locais de interesse, a FIFA, através da Gerência Geral de Segurança do Comitê Organizador da Copa do Mundo FIFA Brasil 2014, terá responsabilidade pelas ações de segurança privada nos perímetros privados dos locais de interesses, ou seja, perímetro externo e interno dos estádios, escritórios da FIFA/COL, hotéis das seleções e da família FIFA, campos oficiais de treinamento e centro de treinamento de seleções. Se, por qualquer motivo, a segurança no interior de um estádio ou outro local sob a responsabilidade da FIFA não for garantida por esta entidade, as autoridades públicas de segurança assumirão e avocarão a responsabilidade e o controle dessas áreas.

O controle de acesso e a segurança das instalações que estejam sob a responsabilidade da FIFA deverão respeitar procedimentos uniformes e serão passíveis de avaliação pelas forças públicas.

Os perímetros de segurança serão definidos em cooperação com a Gerência Geral de Segurança do Comitê Organizador Local (COL) da Copa do Mundo da FIFA Brasil 2014 e os órgãos de segurança pública das cidades-sede, sob a coordenação da SESGE.

9.4.5. RECURSOS FINANCEIROS
9.4.5.1. Critérios para definição do investimento federal

Os recursos públicos empregados nas ações de segurança para a Copa do Mundo visarão ao legado a ser deixado e deverão, sempre que possível:

- Agregar valor tecnológico às instituições de segurança púbica;
- Uniformizar os procedimentos e equipamentos nas Cidades-Sede; e
- Integrar os sistemas e tecnologias já existentes com os que forem adquiridos.

Os repasses de recursos financeiros serão efetuados em caráter excepcional. Em regra, os recursos materiais serão adquiridos pela SESGE segundo as demandas dos Estados, após uma criteriosa avaliação.

Às cidades-sede não serão fornecidos recursos destinados a construções e reformas de estruturas físicas e tampouco equipamentos de uso ordinário, tais como rádios, armamentos letais e EPIs, exceto em situações excepcionais, a critério da SESGE.

9.4.5.2 Contrapartidas/condições das Cidades-Sede

Os investimentos realizados nas cidades-sede estarão condicionados às seguintes contrapartidas:

- Adesão ao caderno de atribuições;
- Complementação dos itens já fornecidos pelo Governo Federal; e
- Manutenção do nível de serviço de segurança pública ordinária nas cidades-sede.

9.5. Áreas de interesse operacional e áreas impactadas

As áreas de interesse operacional são aquelas segurança interna e ligadas diretamente à realização do evento.

As áreas impactadas pelos eventos são as áreas urbanas e as suas respectivas infraestruturas de transporte e logística, além dos pontos de interesse turístico que receberão intenso fluxo de pessoas em razão da Grandes Eventos, como demonstrado na representação abaixo:

9.5.1. Áreas de segurança estratégica.

Outro importante conceito é o de segurança estratégica, que envolverá a segurança do espaço e a proteção das infraestruturas críticas.

A segurança do espaço compreenderá quatro níveis: aéreo, terrestre, marítimo e cibernético, cabendo às Forças Armadas um papel fundamental nessas ações, em parceria com as Forças de Segurança Pública.

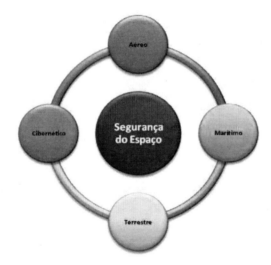

A proteção das infraestruturas críticas demandará ações de segurança nas áreas abaixo e em outras apontadas pela análise de riscos.

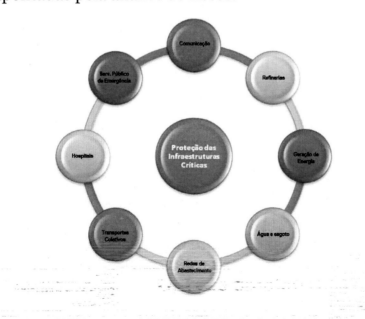

O nível estratégico da preparação da Segurança para os Grandes Eventos que o país sediará exige um planejamento amplo que considere não só a prevenção e a pronta resposta, mas também o imediato retorno à normalidade do funcionamento do aparelho urbano e da programação dos eventos, caso algum incidente os interrompa.

O escopo do presente planejamento é o de apresentar uma visão holística de como os planos operacionais locais deverão ser construídos. Esses Planejamentos Operacionais Locais, em número de doze (um por cidade-sede), deverão detalhar a atuação de cada órgão envolvido na segurança pública durante os Grandes Eventos. Não se pretende criar modelos novos, mas integrar todos os ativos de tecnologia e operacionalidade já existentes no país, além de aprimorar os canais de comunicação e o fluxo de informações, para que os órgãos atuem de maneira rápida e coordenada, tanto em questões operacionais quanto nas de inteligência.

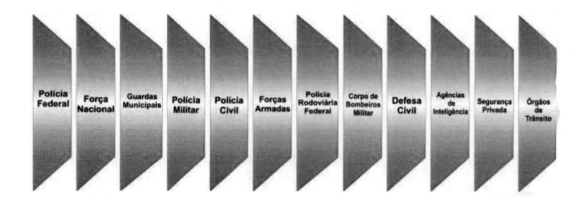

9.6. Situações de Risco

Os relatórios de riscos de âmbito regional, feitos pelos estados, foram encaminhados pela ABIN/GSI à SESGE para análise. Vale ressaltar que atualizações regulares deverão integrar a rotina de procedimentos da Agência Brasileira de Inteligência, em sintonia com a Diretoria de Inteligência da SESGE. Para a análise em questão, quatro níveis de riscos e ameaças precisam ser considerados:

Nível I – Aqueles decorrentes da própria rotina da cidade e que não possuem reflexo na segurança do evento (criminalidade local fora das áreas de interesse operacional);

Nível II – Aqueles que, embora tenham relação com o evento, não comprometam a sua segurança e continuidade (criminalidade local dentro das áreas de interesse operacional);

Nível III – Aqueles que, embora possam provocar a interrupção momentânea do evento, não comprometam a sua continuação (aspectos relativos à segurança setorizada, atuação de movimentos sociais, étnicos, religiosos, políticos, econômicos e organizações criminosas); e

Nível IV – Aqueles que possam vir a comprometer a continuidade do evento (ações terroristas graves, desastre de massa).

9.6.1. Avaliação da situação

Os riscos identificados para o Brasil, relativos à Copa do Mundo de 2014, foram enumerados em função da experiência dos Oficiais de Inteligência da Agência Brasileira de Inteligência (ABIN), através da utilização do Sistema de Analise de Risco com Ênfase na Ameaça – ARENA, assim como mediante informações dos Entes Federados, levando-se em consideração, dentre outros aspectos os riscos observados em outros eventos esportivos.

Abaixo, seguem alguns dos principais pontos focais para a elaboração da Análise de Riscos que deverá ser permanentemente atualizada:

a. **Crime Organizado**: as organizações criminosas, via de regra, aproveitam-se de condições específicas para agirem. Uma delas, sem dúvida, é a realização de grandes eventos como a Copa do Mundo, já que uma situação como essa proporciona uma chance única de conciliar um grande volume de pessoas e uma quantidade enorme de dinheiro sendo gasto, tanto pelos turistas, quanto pelo Governo. As principais formas de delito cometidos são seqüestros, narcotráfico, contrabando e descaminho e circulação de moeda falsa.

b. **Distúrbios Civis\Torcidas Violentas Nacionais e Estrangeiras**: em qualquer local onde há aglomeração de pessoas, há a possibilidade de distúrbios civis, especialmente quando o grande movimento de público se dá em função de um esporte tão competitivo como o futebol, que possui jogos de grande rivalidade.

A violência entre as torcidas, por exemplo, é uma das fontes de preocupação para o Brasil. Manifestações de cunho social, ambiental e político poderão ocorrer e as cidades-sede precisarão estar preparadas para lidar com essas situações;

c. Exploração sexual, turismo sexual, abuso sexual de crianças e adolescentes: A exploração sexual, em diversas formas, subsume-se a tipos penais autônomos e, além destes, está relacionada a outros ilícitos – inclusive o tráfico de seres humanos -que serão naturalmente minimizados em função do combate à exploração sexual;

d. Criminalidade na Fronteira: a extensa faixa de fronteira do Brasil, além de apresentar a ocorrência de diversos tipos de crime -o que já a torna objeto de atenção do Estado Brasileiro -pode ser utilizada como ponto de acesso para indivíduos e materiais para a realização de atentados durante a Copa do Mundo de 2014. O fato de o Brasil fazer fronteira com 10 países -além de grande parte dessa fronteira ser localizada em regiões de difícil fiscalização -aumenta o desafio de torná-la menos permeável. Ameaças relacionadas ao crime organizado, aos crimes comuns e ao terrorismo encontram terreno fértil na faixa de fronteira, podendo, inclusive, comprometer a segurança do evento;

e. Fenômeno da Natureza: A possibilidade de ocorrência de catástrofes, em especial as provocadas por desastres naturais, deve ser avaliada, monitorada e reduzida, a fim de mitigar seus efeitos e preservar a vida, a incolumidade das pessoas e o patrimônio. Todos os órgãos responsáveis pela atividade estarão completamente envolvidos no período dos jogos, e contarão com as ferramentas e os conhecimentos necessários para a prevenção, detecção, contingência, redução de danos e retomada;

f. Terrorismo e Organizações Extremistas: o pior cenário para a Copa do Mundo é a ocorrência de um atentado terrorista. Tal modalidade de risco deve ser seriamente considerada, já que uma de suas características é a visibilidade procurada pelos grupos extremistas. Assim, a realização de um grande evento é acontecimento altamente atrativo para ação de grupos terroristas. Os cuidados com o terrorismo devem abranger tanto o período do evento como sua fase preparatória, já que toda ação terrorista necessita de providências preliminares, que podem ser detectadas e neutralizadas; e

g. Outros Crimes: Criminalidade de massa; fraudes (pirataria, falsificações de ingressos, etc.); Crimes Cibernéticos e uso Marketing de Emboscada além de trotes e constrangimentos, atrasos ou suspensões de eventos) serão objeto de análise, identificação de riscos e acompanhamento.

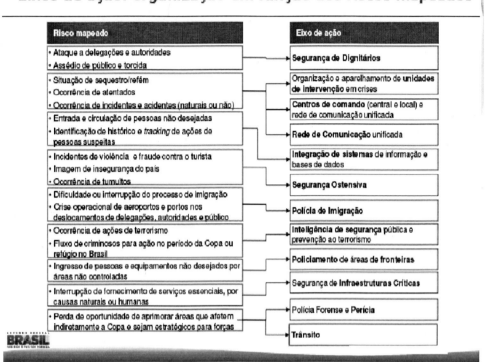

7.1.1. Espectadores Violentos

A Polícia Federal já enviou solicitações de cooperação internacional para diversos paises de interesse, visando à obtenção de dados sobre suspeitos de envolvimento em terrorismo, além de informações sobre "hooliganismo" e dados sobre os causadores de problemas em estádios, dentre outros grupos de torcedores conhecidos por seu envolvimento em atos de violência em estádios. As solicitações também visam à identificação de possíveis envolvidos em ações terroristas.

Percebe-se que os problemas de segurança em estádios europeus, causados por *hooligans*, tem diminuído, posto que a instalação de sistemas internos de TV e a possibilidade de identificação dos ocupantes das cadeiras (mediante a emissão de ingressos por sistema informatizado) inibiram a ação desse grupo. Porém, os *hooligans* e os causadores de problemas em estádios continuam agindo fora do campo e encontraram estratégias para se manterem ativos, organizando-se em grupos mais fechados.

Por outro lado, o Brasil, através do Ministro do Esporte, já começou o trabalho de articulação para cadastro de seus torcedores, a fim de evitar espectadores indesejados em seus estádios durante os grandes eventos.

9.7. Preparativos de Segurança

Os três níveis de Governo estão trabalhando em estreita cooperação para integrar as instituições envolvidas e criar condições favoráveis para a implementação das ações de prevenção de riscos.

9.7.1. Atuação dos Órgãos Policiais

Todo o planejamento e as operações de segurança pública voltadas para a Copa das Confederações FIFA Brasil 2013, Copa do Mundo FIFA Brasil 2014 e eventos subordinados deverão ser orientados por este Planejamento Estratégico de Segurança.

9.7.1.1. Integração de Sistemas

Encontra-se em processo de gestão um Sistema Nacional de Informação. Esse sistema -que tem a "integração" como palavra-chave -será a base de um plano nacional de combate à violência, cujo modelo será o mesmo adotado na Copa do Mundo. Conforme já dito, a importância da segurança da Copa do Mundo é indiscutível, porém, é preciso que o plano deixe um legado para a sociedade brasileira. Esse legado será justamente a integração das forças públicas de segurança e a institucionalização do papel da União na segurança pública.

O recebimento de recursos da União estará condicionado à participação de cada ente federativo envolvido no "Sistema Nacional de Informações". Como suporte, a União lhes oferecerá treinamento e capacitação de seus recursos humanos. O objetivo dessa vinculação é a viabilização de um plano nacional de combate à violência, a partir dos registros realizados no Sistema Nacional de Informação.

Além disso, como dito anteriormente, far-se-á necessária a integração nacional dos diversos sistemas de telecomunicações, de informática e dos bancos de dados. Essa integração possibilitará uma atuação mais adequada das polícias, principalmente na identificação de pessoas com histórico criminal, mesmo que sejam oriundas de outros estados da federação ou de outros países.

A integração dos sistemas de informações não significará a abertura completa dos bancos dados de cada uma das instituições e não colocará em risco a preservação de informações sigilosas. Caso uma consulta realizada por uma força policial apresente resultado positivo para a existência de um registro criminal em outra unidade da federação, a Instituição interessada deverá checar o conteúdo da informação junto àquela que inseriu os dados no sistema, a fim de obter os dados intercambiáveis.

Os bancos de dados a serem integrados serão: I24/7, da Interpol; o INFOSEG; os bancos de dados dos estados; o AFIS dos Estados e do Governo Federal, os sistemas de OCR, o sistema de entrada dos estádios, o sistema de vendas de tickets, etc. Além destes, serão interligados outros sistemas apontados como necessários pelos estados, desde que haja compatibilidade tecnológica. Uma vez integrados os sistemas, todas as forças públicas envolvidas saberão da existência de determinado "registro positivo".

Os cadastros de pessoas que trabalharão nos eventos e nas obras de construção também serão disponibilizados nos sistemas integrados a fim de serem consultados pela instituições de segurança pública.

9.7.1.2. Centros de Comando e Controle

Durante anos, a agenda política brasileira sobre segurança pública centrou-se na discussão acerca da imperiosa necessidade de integração das forças policiais, sobretudo as Polícias Militares e Civis dos Estados e do Distrito Federal, como solução para os problemas ocasionados pelo aumento da criminalidade no país. Assim, o que se pretende é apresentar um modelo de gestão integrada das ações operacionais de segurança pública e defesa civil relacionadas ao evento.

Forjada em conceitos militares, a doutrina de Comando e Controle apresenta um modelo de estratificação do comando em cadeia, envolvendo basicamente três componentes: autoridade, processos e estrutura.

Neste contexto, a SESGE pretende estabelecer, em parceria com as Secretarias de Segurança/Defesa Social dos Estados, Centros de Comando em diversos níveis de atuação, destinados à gestão das ações nos estádios de futebol e locais de grande concentração de pessoas (FIFA *Fan Fest*, hotéis, pontos turísticos, etc.). No campo da cooperação internacional, será viabilizado um Centro de Cooperação Internacional, que abrigará oficiais de ligação dos países de interesse.

Esses Centros terão a finalidade de proporcionar uma imagem fiel e em tempo real do panorama local e global dos eventos e dos recursos envolvidos nas operações e incidentes relacionados à segurança pública, defesa civil, segurança privada e mobilidade urbana, a fim de embasar a tomada de decisão por parte das instituições.

Os Centros de Comando e Controle não podem ser pensados apenas fisicamente, como instalações tecnológicas de última geração. Eles são, antes de tudo, um arcabouço de procedimentos, protocolos e comunicações previamente estabelecidos, treinados e integrados.

Além de possibilitar a produção do conhecimento necessário para assessorar o Grupo de Decisão em seus posicionamentos estratégicos, os Centros de Comando e Controle deverão: ser a unidade central das forças de segurança dos Grandes Eventos; gerir de forma integrada todo o sistema tecnológico de segurança pública e os meios disponíveis; coordenar as atividades com os órgãos públicos envolvidos; atuar de forma Integrada aos Centros de Operações dos estados, das prefeituras e dos locais dos jogos e efetuar a coordenação operacional dos incidentes que tenham importância para a segurança dos Grandes Eventos ou que ocorram em locais de interesse.

Para a operação na Copa do Mundo de 2014 haverá um Centro de Cooperação Internacional, sediado no Rio de Janeiro, um Centro Nacional, sediado em Brasília (com redundância no Rio de Janeiro), doze centros regionais (um para cada cidade sede) e Centros móveis distribuídos de acordo com a necessidade e planejamento das respectivas cidades-sede, sendo duas unidades para cada uma.

Na estrutura de segurança pública, os Centros de Comando e Controle são de crucial importância. Eles foram pensados de maneira a cobrir toda a necessidade operacional, seja ela internacional, nacional, regional ou local, assim como toda a atividade de Inteligência. Os Centros de Comando e Controle e a capacitação dos recursos humanos dos órgãos envolvidos formam a coluna cervical do sistema de segurança para os Grandes Eventos.

O Centro de Comando e Controle Nacional contará com as forças de Segurança Pública de caráter nacional: SESGE, Polícia Federal, Polícia Rodoviária Federal, Força Nacional de Segurança Pública, Agência Brasileira de Inteligência e as Forças Armadas. Além dessas instituições, contará com a presença de representantes das Secretarias Estaduais e Municipais de Segurança Pública. Além desses, participarão também os representantes das agências responsáveis pelas infraestruturas críticas do país, como a Agência Nacional de Águas, a Agência Nacional de Telecomunicações, a Agência Nacional de Energia Elétrica, Comissão Nacional de Energia Nuclear, dentre outros.

O Centro Nacional terá uma visão global das operações, de forma a: integrar os Centros de Operações Estaduais; visualizar, em tempo real, os acontecimentos de emergência, em âmbito nacional; gerar informações centralizadas das operações; gerar relatórios de âmbito nacional imediatos; implantar equipamentos de alta tecnologia para aumentar a exatidão das informações e melhorar a qualidade dos procedimentos operacionais; permitir o levantamento dos registros criminais; permitir o levantamento dos incidentes policiais (atendimentos sociais, denúncias, etc.); permitir múltiplas análises isoladas e combinadas (dias, horas, dias da semana, locais, tipos de pessoas envolvidas, etc.) e permitir a perfeita compreensão das ameaças e rotinas. Todas essas medidas objetivam instrumentalizar o planejamento e racionalizar o emprego de recursos nas respostas aos diversos incidentes que possam vir a ocorrer.

Já no âmbito dos Centros de Comando e Controle Regionais, que serão instalados dentro das Secretarias de Segurança Pública de cada estado, haverá um espelho das representações mencionadas acima, assim como das concessionárias de serviço público e da Secretaria Especial de Direitos Humanos (SEDH).

A SEDH participará do plano de segurança pública em razão de manter registros dos Conselhos de Proteção à Criança e ao Adolescente, que serão de grande utilidade para as forças em especial das Polícias Rodoviárias (estaduais e federal) para a ampliação das operações de combate aos crimes de exploração sexual infanto-juvenil e pedofilia, eventualmente cometidos nas estradas e nas proximidades dessas, assim como no entorno das arenas e dos locais de realização da FIFA Fan Fest.

O Centro de Comando e Controle conduzirá a resposta aos incidentes, de acordo com parâmetros pré-estabelecidos, respeitando as atribuições constitucionais das instituições envolvidas. O Caderno de Atribuições norteará a coordenação dessas ações, de modo a integrar o trabalho das forças de segurança pública que atenderão cada incidente.

Além dos Centros de Comando e Controle Nacional e Regionais, serão instalados centros locais dentro das arenas esportivas e nos locais de grande concentração de público. Os CCC locais contarão com unidades móveis, que permitirão uma cobertura mais abrangente dentro da teia urbana. Os centros instalados nos estádios serão guarnecidos pelos representantes das forças públicas de segurança envolvidas e os operadores de segurança privada sob a gestão da Gerência Geral de Segurança do Comitê Organizador Local (COL).

9.7.1.3. Centro Integrado de Inteligência

Haverá também um Centro Integrado de Inteligência, coordenado pela ABIN. Tal estrutura será responsável pelo levantamento de informações de interesse da segurança dos grandes eventos, em parceria com às demais forças de segurança pública das três esferas de Governo.

9.7.1.4. Centro de Cooperação Policial Internacional

Além desses dois tipos de Centros, haverá também o Centro de Cooperação Policial Internacional, composto por representantes de forças de Segurança Pública de todos os países envolvidos na Copa e de países limítrofes com Brasil. Pretende-se que sejam mantidos dois servidores de cada país nos Centros de Comando e outros oito nos locais onde haja concentração de pessoas de suas respectivas nacionalidades, totalizando 10 (dez) representantes. Estarão desarmados, embora possam estar fardados, sob o comando do grupo de oficiais de ligação encarregados das atividades de orientar seus respectivos nacionais.

Serão convidados também 10 (dez) representantes de cada país considerados estratégicos não classificados para os jogos da Copa.

9.7.2. Engajamento da Força Nacional de Segurança Pública/SENASP

A atuação da Força Nacional de Segurança Pública dar-se-á na forma prevista no pacto federativo instituído pelo Decreto n° 5.289, de 29 de novembro de 2004 e pela Portaria n° 0394/08, de 04 de março de 2008. Seus membros apoiarão os estados nas questões voltadas ao policiamento ostensivo, em casos de perturbação da ordem pública, incolumidade das pessoas e do patrimônio. O apoio será prestado mediante a celebração de acordos de cooperação, inclusive com órgãos federais, em especial em casos de greves da segurança pública, privada ou para o atendimento de situações pontuais demandadas pelos governos estaduais.

O efetivo da Força Nacional é composto por policiais militares, bombeiros militares, policiais civis e peritos policiais disponibilizados pelos estados da Federação.

O planejamento para a atuação nos Grandes Eventos prevê a manutenção de equipes da Força Nacional em prontidão para deslocamento e atuação em qualquer uma das cidades-sede da Copa do Mundo de 2014.

Por contar com efetivo especializado, cedido pelos estados, e com logística própria -que favorece o rápido deslocamento no território nacional -essas equipes atuarão de forma subsidiária e apenas quando requisitadas pelos governos estaduais, conforme procedimento previsto no acordo de cooperação.

O material operacional da Força Nacional será alocado, conforme estudo prévio, em pontos estratégicos das regiões Norte, Nordeste, Sul e Sudeste de forma a facilitar o deslocamento em tempo hábil para a pronta resposta.

Com relação ao treinamento e ao quantitativo de efetivo, a Força Nacional deverá prover, até 2014, a formação e o nivelamento de efetivo oriundo de estados que não sediarão os jogos da Copa do Mundo. Essa medida possibilitará a disponibilização de contingentes para os eventos e não onerará a estrutura operacional dos estados cujas capitais serão sedes dos Grandes Eventos.

9.7.3. Atuação dos Órgãos não policiais
9.7.3.1 Defesa Civil

As Agências de Defesa Civil das três esferas de Governo serão responsáveis, **sem prejuízo do estabelecido no caderno de atribuições ou em comum acordo entre as instituições, por**:

- Implementar a política de defesa civil nas fases de prevenção, preparação e resposta em caso de desastres;

- Auxiliar as ações de volta à normalidade e na elaboração de projetos para a reconstrução de áreas atingidas e para o mapeamento de áreas de risco;

- Promover a articulação interinstitucional para colaboração nos planos preparatórios de administração de riscos de desastres nucleares;

- Atuar em conjunto com representantes das agências ligadas diretamente à gestão de riscos e de desastres, compondo o Centro Regional de Operações de Emergência e Crises da Defesa Civil;

- Difundir os cursos e treinamentos previstos na doutrina de enfrentamento a desastres, voltados a agentes dos Estados e das coordenadorias municipais de defesa civil;

- Apoiar a Diretoria de Projetos Especiais/SESGE/MJ no treinamento de lideranças e agentes comunitários e na preparação das comunidades, sendo responsável também pelos programas de defesa civil de prevenção de riscos sociais;

- Atuar no desenvolvimento tecnológico da doutrina de gestão de risco e desastres;

- Agir como ente político para a confecção de projetos e captação de recursos para os seus organismos de gestão de risco e para a atuação estendida do Corpo de Bombeiros Militar;

- Monitorar todas as ações da defesa civil e do Corpo de Bombeiros Militar no evento;

- Mobilizar postos de comando avançados nas áreas de concentração de pessoas, os quais funcionarão como base logística de gestão; e

- Participar dos Centros Integrados de Comando e Controle.

9.7.3.2. Corpos de Bombeiros Militares (CBM)

Os Corpos de Bombeiros Militares (CBM) deverão atuar em 09 (nove) grandes áreas temáticas:

- Atendimento Pré-Hospitalar (ambulâncias) nas vias públicas, em articulação com o Serviço de Atendimento Móvel de Urgência SAMU;

- Combate a Incêndios;

- Busca e salvamento;

- Serviço de guarda-vidas nas praias;

- Prevenção contra incêndio e pânico em edificações e em locais de grande reunião de público;

- Ações Especializadas na área de Meio Ambiente e de Produtos Perigosos;

- Operações aéreas;

- Operações marítimas; e

- Remoção de cadáveres.

Os CBM irão atuar como base logística de pronto emprego de pessoal, de viaturas e de material, nas atividades de atendimento pré-hospitalar (ambulâncias) nas vias públicas, combate a incêndio, busca e salvamento.

O Comando da Corporação deverá destacar serviços avançados de prevenção nos trechos das vias públicas que possuam os maiores indicadores estatísticos de acidentes de trânsito e próximo aos locais de grande reunião de público, tais como praias, estádios e ginásios em eventos esportivos, convenções, seminários, feiras, festas religiosas e festividades.

Outra importante atribuição dos Corpos de Bombeiros Militares consiste na prevenção contra incêndios em edificações e em locais de grande reunião de público. Nas vistorias, os Inspetores Bombeiros Militares deverão fiscalizar a aplicação do Código de Segurança Contra Incêndio e Pânico de cada Estado.

Durante os eventos de maior repercussão, além das rotinas exercidas pelos Corpos de Bombeiros Militares, as Corporações também terão as seguintes atuações:

- Participar dos Centros Integrados de Comando e Controle;

- Estabelecer o seu Centro de Operações de Emergência, utilizando-se do Sistema de Comando de Incidentes;

- Criar escalas extras de serviço e movimentar recursos humanos e materiais de quartéis localizados nas demais Regiões para os dias de realização dos eventos;

- Estabelecer Postos Avançados de Bombeiro Militar (PABM) equipados com viaturas para o atendimento pré-hospitalar, de resgate, de combate a incêndio em locais estratégicos e nas vias de maior fluxo de tráfego, bem como naquelas por onde ocorrerá o deslocamento de comitivas identificadas previamente pelo Planejamento Operacional da Cidade-Sede;

- Estabelecer serviços de resgate e de prevenção contra incêndio e pânico nas edificações e nos locais de reunião de público relacionadas com o evento;

- Deixar de prontidão viaturas e pessoal especializado, equipado apropriadamente para os serviços táticos relativos a produtos perigosos;

- Disponibilizar o emprego dedicado de suas aeronaves de asa rotativa, especialmente para o serviço de resgate aeromédico;

- Aprovar previamente a Nota Técnica Nacional de Prevenção contra Incêndio e Pânico para Instalações Esportivas; e

- Criar rotinas de vistorias preventivas contra incêndio e pânico, antes do início dos eventos, nas instalações de público transitórias e de lazer como hotéis,

motéis, casas de show, bares e restaurantes, nas instalações fixas e naquelas criadas especialmente para os eventos.

9.7.3.3. Serviços Médicos

A SESGE/MJ fomentará a elaboração de um Plano Operacional para a área de saúde em cada uma das cidades-sede, integrando os disponíveis dos Órgãos de Saúde das três esferas de Governo.

As ações operacionais de gestão dos pacientes levarão em conta os seguintes aspectos:

- Localização dos pontos de coleta do paciente;
- Triagem, tratamento e transporte do paciente;
- Operação do posto de primeiros socorros; e
- Transporte de pacientes de emergência.

9.7.4. Engajamento das Forças Armadas

As atribuições constitucionais das Forças Armadas estão previstas no artigo 142 da Constituição de 1988: Defesa da Pátria, garantia dos poderes constitucionais e, por iniciativa de qualquer destes, da lei e da ordem.

A atuação conjunta com as Forças Armadas em áreas específicas é muito importante. Na vigência da atual redação da Lei Complementar 97/99, alterada pela LC 136/2010, as Forças Armadas detêm poder de polícia para combater os crimes transfronteiriços e ambientais, preservadas as competências da polícia judiciária.

A SESGE acredita que todas as instituições podem contribuir para a estratégia de segurança da Copa do Mundo de 2014, principalmente mediante a realização de ações de logística, na proteção das infraestruturas críticas e do espaço cibernético.

Papel importante desempenhará as Forças Armadas no controle do espaço aéreo, no controle do tráfego marítimo, nas atividades de controle de fronteiras e, principalmente, no caso de desastres químicos, biológicos, radiológicos e nucleares, além de outros que, em razão de sua magnitude, exijam sua presença uniforme. Nesse contexto, se determinado através de ato presidencial, o comando passará às Forças Armadas, que atuarão nos moldes da legislação específica.

Em caso de greve em instituições policiais militares, sendo solicitado pelo Governador do Estado e determinado pela Presidência da República, as Forças Armadas atuarão no policiamento ostensivo de segurança pública, em parceria com a Força Nacional de Segurança Pública, sendo desta última a responsabilidade pela segurança do perímetro próximo aos estádios.

9.8. Cooperação com as agências privadas de Segurança.

9.8.1. A segurança dentro e ao redor dos estádios.

Atualmente, a Segurança Pública em dia de eventos é realizada integralmente pelos Órgãos de segurança pública. No entanto, o Regulamento de Segurança da FIFA estabelece um modelo diferenciado de realização, com atribuições específicas para a segurança pública e segurança privada.

O Brasil ainda não tem tradição com esse modelo integrado de segurança nas instalações esportivas, no qual os órgãos de segurança pública fazem a segurança da cidade e das vias públicas, até a porta dos estádios, e as equipes de segurança privada desempenham suas funções de segurança patrimonial e de vigilância no domínio territorial do estádio. Esse modelo inaugurará um novo conceito de atuação conjunta das forças públicas e privadas.

Para tanto, a SESGE vem trabalhando em conjunto com o Comitê Organizador Local da Copa do Mundo, realizando estudos que demonstrem a melhor maneira de utilização dos assistentes de ordem, em trabalho integrado ao da segurança pública.

As forças de segurança pública permanecem de sobreaviso e só intervêm quando há grave tumulto e se faça necessária a manutenção da ordem pública, ou quando necessário o emprego do poder de polícia, ou seja, só atuam dentro das instalações esportivas sob demanda.

9.9. As Obras.

As ações da Secretaria obedecerão a um programa de acompanhamento dos canteiros de obras das instalações esportivas. Tal acompanhamento destina-se à realização constante de vistorias contra atentados com o uso de artefatos explosivos e/ou agentes químicos, biológicos, radiológicos e nucleares. Essa metodologia visa à realização de controle prévio, posto que a inspeção deixada somente para o período de uso exclusivo, às vésperas dos eventos esportivos, é infactível. Essa rotina permitirá às equipes antibombas e às de inteligência identificarem pontos críticos na segurança das instalações para eventual readequação.

9.9.1. Identificação

Os operários envolvidos nas obras submetem-se à identificação biométrica. Pelo mesmo procedimento passarão os "assistentes de ordem", para que as Delegacias de Segurança Privada da Polícia Federal possam exercer sua fiscalização. Além disso, esses dados integrarão os bancos de dados de segurança pública dos estados.

9.10. Segurança nos Estádios

As operações de segurança pública dos jogos contarão com a participação de diversos órgãos no planejamento e execução, podendo haver convites a outros, julgados de interesse. Esses ógãos são: Polícia Federal; Polícia Rodoviária Federal; Polícias Militares; Polícias Civis; Corpos de Bombeiros Militares; Órgãos Executivos de Trânsito; Guardas Municipais; Juizados Especiais Criminais; Juizados da Infância; Ministério Público; Receita Federal; Infraero e empresas de segurança privada.

As instituições envolvidas nas ações de segurança pública deverão atentar para as seguintes providências, dentre outras: promover ambiente propício e seguro nas vias de deslocamentos (mobilidade urbana), no exterior e imediações dos estádios; realizar segurança aproximada e a proteção das seleções, com uso de "batedores"; realizar ações de policiamento ostensivo a pé, montado e motorizado, com os policiais militares cobrindo a área externa e interna dos Estádios (neste último caso, atuando como força de pronta resposta); realizar ações de repressão à comercialização de produtos pirateados e à atuação de cambistas durante o evento esportivo; promover ações preventivas, inspecionando as instalações e estruturas montadas no local, conforme Código Estadual de Segurança Contra Incêndio, Explosão, Pânico e Desastres; otimizar o emprego de pessoal, material e viaturas no atendimento preventivo ou em ocorrências reais de prestação de socorro pelos Corpos de Bombeiros Militares; realizar ações de primeiros socorros; realizar o combate a incêndio e salvamento a eventuais incidentes.

A definição das instituições e de suas linhas de ação tem por objetivo a padronização dos diversos procedimentos a serem adotados pelos órgãos públicos envolvidos no projeto de segurança para os Grandes Eventos, evitando-se a sobreposição ou o desencontro em suas atuações.

Como já mencionado, em razão de modelo integrado, a força pública atuará no interior das instalações, sob demanda, seja na prevenção ou na resposta a incidentes ou atentados de qualquer natureza.

9.10.1. A venda de ingressos

A SESGE, em acordo com a FIFA, estabelecerá medidas de segurança para a venda de ingressos, visando impedir a ocorrência de fraudes.

9.10.2. Assistentes de Ordem

Dentre os modelos observados e estudados, o inglês parece ser o mais aprimorado. Além do cumprimento dos requisitos do *"Green Guide[2]"*, está de acordo com as regras da FIFA. Toda a parte interna da segurança é feita pela segurança privada, os chamados "assistentes de ordem". As forças de segurança pública ficam de sobreaviso e só intervêm quando há grave tumulto, com necessidade de manutenção da ordem pública, ou quando necessário o emprego do poder de polícia. Os "assistentes de ordem" fazem a manutenção permanente da segurança nos estádios, preocupando-se com a segurança contra incêndios, estrutura do estádio, até mesmo a fiscalização da higiene nos restaurantes, atividade de "SAFETY" (tarefas de segurança permanentes), dentre outros estabelecidos na "Safety Regulations" da FIFA.

---

[2] Guide to Safety at Sports Grounds - Guia de Segurança da FIFA para os recintos esportivos.

9.11.3. Credenciamento

O conceito de credenciamento para a Copa do Mundo de 2014 será desenvolvido pelo Comitê Organizador Local (COL), respeitadas as exigências da FIFA, para assegurar a preparação e a execução dos eventos. O credenciamento deve garantir que todos os indivíduos envolvidos na operação sejam corretamente identificados e possuam direito de acesso para exercer as suas funções e cumprir suas atribuições.

A ABIN sob demanda da Gerência Geral de Segurança do Comitê Organizador da Copa do Mundo FIFA Brasil 2014 – COL, será responsável por coordenar as ações para a checagem lista de credenciamento, coordenando as diversas instituições envolvidas no processo, com o auxílio da Polícia Federal, por meio da Coordenação Geral de Polícia Criminal Internacional.

9.11. Cooperação Internacional

9.11.1. Oficial de ligação

O Oficial de ligação será o responsável por garantir a adoção das medidas de segurança para que os torcedores dos seus países de origem sejam impedidos de participar de quaisquer comportamentos que possam ameaçar a segurança, dentro ou fora do estádio. O oficial de ligação também envidará esforços especiais para identificar e eliminar manifestações que potencialmente desencadeiem atos de violência, além de atuarem no controle de atos de preconceito. Ao oficial de ligação, entretanto, não é permitida a intervenção direta nas eventuais ocorrências, mas sim a interlocução com as autoridades Brasileiras que atuarão na resolução do incidente.

O Oficial de ligação deverá tomar as seguintes medidas:

- Dialogar com os torcedores e divulgar de informações;

- Misturar-se com os torcedores durante as partidas e comunicar as autoridades brasileiras em casos de situações de perigo;

- Participar de eventos promovidos pelas torcidas das seleções de seus países.

Na Copa da África do Sul (2010), a Polícia Federal acompanhou a torcida e a seleção brasileiras, como parte de um acordo entre a INTERPOL e a Polícia Sul Africana. O papel desses policiais foi o de abastecer de informações seus compatriotas sobre os riscos locais ou sobre torcedores agressivos de outras nacionalidades, bem como o de alerta algum torcedor brasileiro sobre seu comportamento exacerbado. Com essa rede de informações será possível impedir que grupos de torcedores se confrontem ou agridam outros espectadores isoladamente.

9.12. Escoltas

A Polícia Rodoviária Federal tem a atribuição de realizar o policiamento das estradas federais e das vias laterais que componham a faixa de domínio da União. Assim, os deslocamentos de dignitários feitos por essas vias serão de responsabilidade da PRF.

Cabe ao Ministério das Relações Exteriores o reconhecimento da condição de VIP (*Very Important Person*) ou VVIP (*Very Very Important Person*) da autoridade solicitante, de acordo com os termos das Cartas de Garantias assinadas pelo Governo Federal. Portanto, a concessão do status de dignitário definirá qual instituição será a responsável pela respectiva segurança, bem como o nível do serviço a ser realizado (célula completa ou reduzida), o que significa dizer se haverá, por exemplo, a participação ou não de motociclistas batedores. Essa definição obedecerá às atribuições de cada instituição e será executada de acordo com a capacidade operacional de cada um delas. No entanto, em linhas gerais, as escoltas das comitivas ficarão a cargo das polícias estaduais, com apoio federal, quando solicitado. Neste caso, é fundamental a perfeita coordenação das forças, com a integração dos entes federados para que, se for o caso, compartilhem as atividades, já que não seria razoável a realização de uma escolta federal até a entrada da cidade, transferindo-se posteriormente o comboio para uma escolta do estado.

9.13. Conclusão.

A concretização das ações previstas neste Planejamento Estratégico depende da efetiva integração das instituições envolvidas na segurança pública durante os Grandes Eventos. O ponto de partida da integração está delineado no Caderno de Atribuições, que se traduzirá na matriz de responsabilidades de cada instituição envolvida e norteará a elaboração dos planos operacionais das cidades-sede. Esses planos deverão ser elaborados com auxílio de consultoria especializada, de forma que sejam observados padrões metodológicos e científicos mundialmente aceitos.

Os planos e a preparação para a segurança dos grandes eventos estão em processo contínuo e permanente de desenvolvimento, posto que até a data dos eventos, novos desafios certamente surgirão, em razão de mudanças no panorama de riscos, posto serem estes uma decorrência natural do dinamismo da própria sociedade. Por esta razão, espera-se uma revisão semestral do planejamento, colocando-o em constante contato com os fatos que interfiram na realidade. Acredita-se, assim, que o Estado brasileiro enfrentará os desafios, mediante a integração das forças de Segurança Pública e organização de uma estrutura que possibilite o comando único das ações desencadeadas.

9.14. Matriz de Responsabilidades.

A matriz de responsabilidades de todas as instituições decorrerá do Caderno de Atribuições, validado por todos os organismos integrantes das operações de segurança pública da Copa de 2014, como também dos Planos Operacionais Locais.

O quadro abaixo resume as principais atribuições.

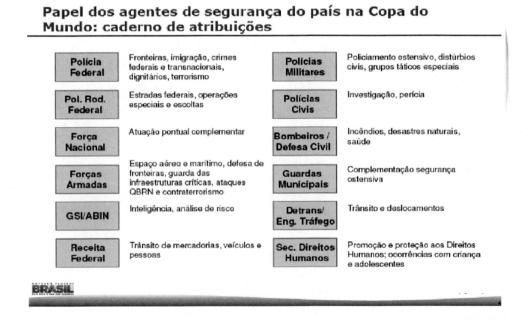

10. Direitos e Deveres dos Vigilantes quando atuam nos Grandes Eventos

1. Os Assistentes da Ordem (Segurança Privada) terão principalmente as seguintes tarefas:

- Realizar controle de segurança nas vias de acesso ao perímetro externo e interno do estádio, assim como nos setores não autorizados ao público em geral;
- Proteger as áreas chave (por exemplo, barreiras de catracas, bilheterias, vestiários dos times e dos árbitros, salas VIP e seus veículos, e representantes dos meios e suas respectivas instalações técnicas);
- Impedir o acesso e retirar pessoas que não têm permissão para entrar ou permanecer no estádio, que representem um risco de segurança devido ao consumo álcool e/ou drogas, ou que tenham sido impedidos de entrar nesse estádio em particular;
- Controlar e revistar aos espectadores, assim como os objetos que tragam consigo ao ingressar no estádio e dentro dele;
- Impedir o acesso de toda pessoa que se oponha a revista;
- Remover, reter e, em alguns casos, devolver o objeto que não podem entrar no estádio, seja em razão de disposição legal ou pelo regulamento do estádio;
- Garantir a separação em setores distintos das torcidas rivais de acordo com suas entradas;
- Evitar que os torcedores se mudem para setores para os quais suas entradas não permitem;
- Assegurar que todas as rotas de entrada e saída e as saídas de emergência permaneçam desobstruídas;
- Assegurar a presença de pessoal nas estradas e saídas, bem como nas saídas de emergência localizadas nas áreas dos telespectadores (em especial nas tribunas de pé) a partir da abertura até o fechamento do estádio;
- Impedir a entrada sem autorização de torcedores a locais não autorizados ao público, particularmente ao campo e locais limítrofes;
- Proteger os jogadores e oficiais da partida no momento de entrada e no de saída do campo de jogo;

- Controlar o tráfego de veículos e pedestres ao redor de todo o estádio;
- Assegurar a aplicação das normas do estádio no caso em que o organizador do evento seja responsável por isso;
- Informar a polícia sobre qualquer incidente punível de acordo com a lei;
- Informar a polícia, o serviço de primeiro socorros, o corpo de bombeiros e qualquer outro órgão competente sobre os incidentes que possam atentar contra a segurança nos casos em que eles não possam alertar imediatamente sobre o perigo.

a) Compreender que Vigiar é se relacionar, e relacionar-se com Seres Humanos é um dom que precisa ser desenvolvido;

b) Transmitir "Sensação de Segurança" às pessoas, isto é, fazê-los sentir que sua presença física naquele local é necessária, tendo por finalidade básica a ação preventiva através de atitudes proativas, usando sempre bom senso e discernimento;

c) Zelar pela integridade do patrimônio e das pessoas que se encontram dentro deste patrimônio;

d) Dar e ser exemplo de cordialidade e profissionalismo, resolvendo prontamente as pendências que surgirem durante o evento, comunicando à central de operações o que necessitar apreciação superior;

e) Cumprir e fazer cumprir todas as normas e diretrizes estabelecidas para o bom andamento e desenvolvimento dos Grandes Eventos Esportivos, interagindo com o público em geral, buscando sempre o Equilíbrio Emocional e Qualidade Comportamental;

f) Projetar todos os possíveis conflitos e problemas, adotando as medidas e atitudes preventivas cabíveis, sempre mantendo seus superiores hierárquicos bem informados, registrando-as e solicitando ajuda quando houver necessidade;

g) Trabalhar sempre com papel e caneta, procurando anotar todas as sugestões, fatos e suspeitas observadas ou relatadas pelos integrantes da equipe e clientes internos e externos;

h) Inteirar-se das senhas, contrassenhas e dos procedimentos padrões de segurança para o bom desempenho da sua missão;

i) Entrar em contato com a base operacional, sempre que houver qualquer alteração no serviço, via rádio, telefone ou qualquer outro meio de comunicação disponível, com o objetivo de informar o fato ocorrido ou comunicar o que lhe parecer inusitado ou suspeito;

j) Agir prontamente, dentro dos limites da sua autoridade, na ocorrência de fato anormal, como incêndio, brigas, desordens internas, homicídio, sabotagem, desabamento, assalto ou qualquer outra ação criminosa;

k) Manter, durante todo o serviço, um permanente estado de alerta para enfrentar possíveis situações emergenciais;

l) Tomar as devidas providências, no caso de crime, de auxílio aos agentes de segurança pública, como a coleta das primeiras informações e evidências da ocorrência, preservação dos vestígios e provas do crime e isolamento do local;

m) Operar com técnica e segurança, equipamentos de comunicação, alarmes e outras tecnologias de vigilância patrimonial;

n) Manusear e Empregar, com segurança o "Armamento Não Letal" de forma escalonada e proporcional, como instrumentos de defesa própria ou de terceiros;

o) Defender-se nas situações emergenciais, com o uso de técnicas adequadas, considerando sempre os Níveis de Força;

p) Manter-se preparado emocionalmente, cuidando sempre da sua condição física e técnica;

q) Identificar condutas ilícitas descritas na legislação penal;

r) Aplicar, se houver necessidade, os conhecimentos adquiridos como "Brigadista de Emergência e Combate a Incêndio".

11. Administração de Conflitos e Problemas nos Grandes Eventos

Extraido do Livro "Armas Nao Letais"
Editora Ciência Moderna (lcm@lcm.com.br)

Estou convencido que, para lidarmos com o público nos Grandes Eventos, posicionamento superior, força de presença, poder de convencimento, respeito, educação e qualidade comportamental têm, de verdade, um peso enorme na administração de conflitos; estes, por sua vez, devem ser gerenciados para que não se tornem problemas. Entretanto, existem situações em que a 'Verbalização', por si só, não é suficiente; nestes casos é necessário o uso da "Força da Lei", estratégias de segurança, inteligência emocional e outros artifícios de convencimento. Tais ações podem ser estrategicamente utilizadas em situações especiais. Cabe ao vigilante a escolha do Nível de Força que mais se ajusta àquela situação. A progressão depende da ação do indivíduo com comportamento inconveniente, pois, cada caso é um caso, cada situação é uma situação diferente e exige linhas de ação proporcionais, correspondentes a situação vivenciada. As pessoas só fazem conosco, aquilo que permitimos. Vale lembrar que comportamento gera comportamento; assim, o Vigilante sempre terá opções para os mais diversos níveis de resposta. Vale lembrar que não basta uniformizar e equipar o Vigilante; é necessário que dentro do uniforme tenha um homem preparado. Como diz Sun Tzu, "Se queres a paz prepara-te para a guerra".

É realmente muito difícil para um Vigilante administrar uma "turba" (multidão desordenada). Profissional de Segurança Privada não é polícia; portanto não tem "poder de polícia". Ao perceber através do sentimento (feeling) a possibilidade iminente de um distúrbio, providências precisam ser tomadas imediatamente. Medidas e atitudes preventivas devem ser adotadas pelo Vigilante para que o problema não piore; acredite, não há nada no mundo que não possa ficar ainda pior. Acionar a polícia é uma medida preventiva; em alguns casos é apenas o que nos resta. Como vimos, o Vigilante deve conhecer o triangulo da força letal para que haja coerência na tomada de decisões nos momentos mais difíceis; e também para que tenha sempre o apoio da lei e do "povo". Saber discernir e usar o bom senso nesses momentos é imprescindível. Quando muitas pessoas se ajuntam, chamamos de "multidão"; nesse momento é necessário ligarmos o "sinal de alerta". Adotar imediatas medidas e atitudes preventivas para evitar uma "turba" (multidão descontrolada), é fundamental. Em se tratando de multidão, a troca de ideias gera o aumento da identidade do grupo, que por sua vez suscita empatia, podendo então evoluir para uma "turba".

As pessoas tendem a acreditar que não podem ser identificadas individualmente; assim cabe como medida preventiva fazê-los crer que estão sendo filmados por câmeras de última geração e de altíssima resolução. Certa vez ouvi que "não basta que a esposa de César seja honesta; tem que parecer honesta"; ou seja, não basta que estejamos filmando, é necessário que as pessoas tenham certeza absoluta que estão sendo filmadas; contudo, "não basta que a esposa de César pareça honesta; tem que ser honesta"; ou seja, é imprescindível que de fato estejam sendo filmados.

No "Controle de Distúrbio", conhecer o comportamento humano é fundamental. Conhecer a "natureza humana", ter consciência que é "inclinada" ao erro, é imprescindível para que projetemos o que ainda não aconteceu, mas pode acontecer. Aprendemos que existem linhas de ação padronizadas, tradicionalmente aceitas pela sociedade, que definem uma 'boa conduta'. Acontece que inúmeros fatores podem influenciar pessoas a agir de forma contrária a uma boa conduta. Se não vigiamos somos facilmente envolvidos pelas circunstâncias. Quando estamos envolvidos pelas emoções de uma multidão descontrolada (turba), inúmeros fatores psicológicos podem contribuir para que o caos se instale; desta forma esses momentos de loucura temporária acabam assumindo nossas ações. Quantos jovens terminam sob os destroços de automóveis devido à influência de terceiros? Ou pelos aplausos de uma multidão eufórica? Ou por tentar parecer ser o que não é? Ou ainda na tentativa de conquistar aquele amor impossível? A "sensação de poder" aumenta significativamente à medida que os aplausos e os brados massageiam nosso ego. É realmente simples controlarmos um "princípio de incêndio", contudo, quando estamos diante de um "incêndio", a conversa é outra. Não é verdade? Da mesma forma, quando por algum motivo há uma demora na intervenção, a sensação de poder aumenta significativamente, o que acaba comprometendo a administração do conflito. É necessário que estejamos sempre atentos, vigilantes, para que uma "multidão" não se torne uma "turba".

12. Comissão de Paz no Esporte e Plano de Contigências

Ministério do Esporte e Ministério da Justiça
Marco Aurélio Klein - Coordenador-executivo da Comissão Paz no Esporte

O que é a Comissão Paz no Esporte?

Em 2004, por decreto do Presidente Luís Inácio Lula da Silva, foi criada a Comissão Nacional de Prevenção da Violência para a Segurança dos Espetáculos Esportivos. Instalada por Portaria Interministerial (Esporte e Justiça) em 2005, desde então é conhecida como Comissão Paz no Esporte.

Missão
Preservar o espetáculo, garantindo a Segurança e o direito à Cidadania.

Copa do Mundo: Uma Visão Geral

O Dr. Marco Aurelio Klein na sua visita ao estádio de WEMBLEY na Inglaterra, relatou o seguinte:

"Pude conhecer com bastante riqueza de detalhes, dentre os mais relevantes, processos e ações de segurança e prevenção da violência, bem como acompanhar um dia completo do trabalho da polícia e do corpo de segurança (Gerente de Segurança e Comissários de Estádio) no jogo Tottenham Hotspur FC x Blackburn Rovers FC, pela divisão de elite do campeonato inglês, no estádio White Hart Lane. O Tottenham é um dos dois clubes mais populares de Londres. Observei na prática a importância da cooperação entre todos os envolvidos na operação do evento; atuando de forma coordenada e coesa para garantir o sucesso das operações em termos de segurança e conforto do torcedor".

"Também visitei o Estádio do Chelsea FC, Stamford Bridge, onde fui recebido pela Gerente de Segurança, que mostrou todas as instalações e procedimentos adotados nos dias de jogos e em detalhe a operação da Sala de Controle, de onde os agentes de segurança do clube mais os agentes da polícia monitoram rigorosamente tudo o que acontece no estádio".

"A conquista da Copa do Mundo em 1958 certamente deu notável impulso na paixão dos brasileiros pelo futebol. A chegada do videoteipe na televisão brasileira à época da campanha do bi, no Chile, possibilitou, pela primeira vez, que os torcedores acompanhassem a Copa pela televisão quase ao tempo das partidas; tivemos a sensação de comemorar a conquista do bi ao vivo. O Santos de Pelé e Cia. reforçou este sentimento de força e beleza do futebol brasileiro ao conquistar a América duas vezes seguidas (Copas Libertadores) e também ao bater dois gigantes europeus da época, Milan e Benfica nas decisões da Copa Intercontinental. Pinta, sabor e encanto de futebol imbatível. Tempos de Pelé e Garrincha, com os quais, juntos em campo, a Seleção jamais foi vencida sequer uma única vez".

"O reflexo no futebol doméstico se fez sentir imediatamente. Ao menos nos clássicos disputados nas grandes cidades, a casa estava sempre cheia. O Pacaembu (ainda sem o chamado Tobogã) recebia até sessenta mil pessoas em dias de clássico, de decisão de Taça Brasil ou de Rio/S. Paulo. Falando em Rio, o estádio do Maracanã quase todo final de semana acolhia público superior a cento e vinte mil torcedores, vibrando com os tradicionais clássicos cariocas. As construções de Morumbi e Mineirão, dentre outras, foram saudadas por todos como um sinal da grandeza do futebol verde e amarelo ultrapassando as quatro linhas. Em todas as maiores cidades do país se discutia a ampliação e/ou construção de estádios".

"Brigas entre torcedores ou torcidas nos termos que as entendemos nos dias de hoje simplesmente não aconteciam. Vandalismo? Impensável. Agressões e depredações pelo caminho ou nas vizinhanças? Qual nada. Mortes? Jamais. Palavrões? Sim, mas, raros em relação aos costumes atuais e especialmente dedicados, desde sempre, ao árbitro. Coros do tipo "vai morrer"... Jamais! De pior mesmo, uma ou outra bandinha fazendo barulho incansável durante toda a partida para incomodo dos ouvidos mais sensíveis".

"É preciso lembrar, porém, que a realidade urbana do país nesta época era bastante diferente dos dias atuais. Cerca de dois terços da população vivia fora das grandes áreas metropolitanas. Estas eram bem menores geograficamente. Roubos a mão armada ou assassinatos por motivos fúteis não eram comuns. A violência não assolava as ruas. A população, especialmente a classe média, ainda não se fechara em edifícios com cercas eletrificadas ou condomínios com portarias, cancelas e circuitos internos de televisão. Pessoas deixavam suas casas abertas enquanto iam à padaria ou a farmácia. Um vizinho dava uma olhadela e pronto".

"Num domingo, nas grandes cidades, além da praia, cinema e futebol dividiam as preferências de lazer das pessoas. A televisão não ficava por vinte e quatro horas no ar e o esporte ao vivo era atração rara na telinha. Os shoppings ainda não tinham chegado e também é importante lembrar que os estádios eram relativamente modernos e confortáveis para os usos e costumes da época. Hoje, só nos shoppings são muitas as atrações de entretenimento de boa qualidade, com segurança e conforto. E apenas na área metropolitana de São Paulo, a título de exemplo, são mais de setenta shoppings centers. Além disso, num domingo, o futebol concorre com tremenda variedade de outras ofertas de diversão. Boa parte delas em instalações mais modernas, seguras e confortáveis. Ao mesmo tempo, a TV trás o que há de melhor do esporte mundial. Para o fã, na segurança e conforto de casa, os astros de cada modalidade, inclusive, e especialmente, os melhores jogadores brasileiros, ali mesmo à disposição do fã desde seu próprio sofá".

"Silenciosamente, o torcedor que poderíamos chamar de torcedor comum foi abandonando os estádios. Comparecendo apenas aos jogos ditos decisivos e de grande importância. Daí, talvez, a ideia tão difundida de que o brasileiro só se interessa por finais. É provável que o público só nas finais se disponha a enfrentar estádios desconfortáveis e inseguros, somado à grande dificuldade para comprar ingressos e até mesmo chegar ou sair em segurança".

"O crescimento da violência urbana, em seus variados formatos de natureza delituosa ou não, completa o complexo quadro de decadência que ao longo dos anos contribuiu para tirar dos estádios muitos fãs do futebol, impedindo as novas gerações de viver a fantástica experiência do futebol ao vivo".

"Sim, o problema não é só a violência de forma explícita das bombas caseiras ou dos arrastões provocados por membros ou não de Torcidas Organizadas".

"O comportamento agressivo de torcedores em geral, por tolerado, cresceu em progressão geométrica. Dá-se para ofender impunemente, por que não agredir também, desrespeitando qualquer regra de convivência?"

"Inverteu-se velha máxima do direito romano 'quem pode o mais, pode o menos'. No estádio, 'quem pode o menos, pode o mais'. Se é possível 'xingar', é possível ir além nas transgressões: pichações, toda sorte de vandalismo; arremesso de recipientes com urina sobre outros torcedores, pilhas e chinelos sobre o campo; tudo é tolerado desde há muito tempo".

"Os estádios de futebol foram se transformando em 'terra de ninguém' e a legislação cada vez mais ultrapassada, não permitindo à polícia coibir adequadamente tais práticas, nem tampouco à justiça punir os infratores. Impunidade, portanto. A extensão destes problemas para as ruas foi só questão de tempo. E de força. A força do terror imposta por grupos armados e violentos; muitas vezes escondidos sob uniformes das ditas Torcidas Organizadas. Destruição, vandalismo, furtos e, claro, mortes. Só na Cidade de São Paulo, onde o problema é mais grave, mais de vinte nos últimos dez anos. No Rio, outra dezena de mortes. A receita é longa, mas bastante simples e de fácil entendimento: ao envelhecimento da infraestrutura instalada para o futebol (em geral, também para outros esportes), some-se à caducidade de procedimentos operacionais para eventos de grande porte, um pouco da mesma coisa com relação à preparação profissional da maior parte dos atores envolvidos, pitadas das grandes de desconhecimento e/ou desrespeito às leis e normas sobre prevenção da segurança e temos o incremento dos problemas de segurança, dificuldades para a prevenção da violência e permissividade com o vandalismo".

"O toque final desta receita talvez seja a pouca, quiçá nenhuma coordenação entre os principais responsáveis e diversas áreas, ainda que cada um deles tente fazer o melhor possível".

Salas de Controle

"Estas, previstas no Estatuto do Torcedor, são operadas de forma precária em comparação aos melhores exemplos internacionais, embora algumas estejam bem instaladas e tenham bons recursos. Uma Sala de Controle, sempre que possível, deve estar absolutamente à vista de todos e sua operação objeto da mais ampla divulgação pela imprensa. Os torcedores devem saber qual o objetivo da Sala de Controle, bem como entender o alcance de suas operações para dar segurança ao torcedor comum e desestimular o vândalo por saber que não poderá se esconder no anonimato. A Sala de Controle no entendimento da Comissão, é de responsabilidade do administrador do estádio e sua operação a cargo do Gerente de Segurança do clube mandante em corresponsabilidade com oficial designado e treinado pela Polícia Militar para este fim".

"Desde a Sala de Controle deve ser possível observar e controlar todo o conjunto de catracas, os principais acessos, áreas externas de importância direta com as entradas principais, setores ocupados por torcidas organizadas, bem como pontos nevrálgicos das instalações elétricas e hidráulicas do estádio. No caso de estádios com poucos jogos de risco durante o ano pode ser utilizado o que batizamos de Unidade Móvel de

Monitoramento. Veículo equipado com recursos de controle das imagens captadas e câmeras para instalação no estádio e nas cercanias do acesso".

Plano de Contingência

"Cada Plano de Contingência irá variar de acordo com o tipo de estádio, sua localização e a natureza dos eventos lá realizados. Entretanto, a prática em outros países tem demonstrado que há um conjunto de tópicos que pode ser considerado padrão".

"As sugestões aqui contidas têm como objetivo caracterizar o que seja um Plano de Contingência, proporcionando orientações gerais que possam ser úteis. É necessário buscar o parecer de profissionais especialistas para tomar as medidas necessárias".

"É preciso que a administração de cada clube identifique os perigos potenciais e avalie os riscos sobre os tipos de incidentes que possam causar transtornos à normalidade das operações, prejudicando a segurança do público presente. Pequenos problemas podem se tornar grandes incidentes se não tratados de maneira controlada e sistemática".

"Planos de Contingência devem estabelecer uma resposta estruturada com orientações claras sobre as medidas a serem adotadas em circunstâncias específicas. O sucesso de qualquer plano dependerá de uma estrutura de comando objetiva e sob total controle da administração".

"É preciso que todos os envolvidos na implementação do Plano de Contingência tenham completo entendimento dos seus papéis e estejam aptos a desempenhá-los".

Para se alcançar a combinação necessária entre conhecimento e habilidades é preciso:

XLVIII. - treinamento e avaliações periódicas;

XLIX. - instrução para todo o pessoal relacionado com os procedimentos de segurança;

L.- elaboração e divulgação interna de manuais de segurança;

LI. - sinalização adequada para as áreas de segurança;

LII. - o primeiro passo é a realização da auditoria de segurança e avaliação de riscos para;

LIII. Identificar os perigos aos quais possam estar expostas as pessoas presentes no estádio e determinar os níveis de risco decorrentes destes perigos;

LIV. Avaliar se as práticas de segurança existentes são adequadas para eliminar o perigo ou minimizá-lo dentre níveis aceitáveis, conforme a legislação local; LV. Documentar de forma adequada as ações planejadas;

LVI. Definir quem são os responsáveis por cada ação a ser tomada, bem como a quem dentro da cadeia de comando cabe a supervisão;

LVII. Estabelecer todos os procedimentos de comunicação entre as equipes de segurança, bem como as formas e conteúdo das comunicações de emergência com o público;

LVIII. Manutenção dos acessos completamente livres para o acesso dos veículos de emergência;

LVIX. Mapear todo o estádio, identificando de maneira clara e padrão todos os equipamentos de segurança, bem como os postos dos serviços relacionados com a segurança do estádio e dos espectadores;

LX. Elaborar relação de todos os telefones fixos e celulares, ou equipamentos de rádio de toda a equipe de segurança e de manutenção do estádio, assim como das forças de segurança, apoio, serviços médicos, bombeiros e defesa civil em serviço no dia de jogo;

LXI. Elaborar relação de telefones fixos e celulares, ou equipamentos de rádio das empresas ou serviços de fornecimento de energia, água, catracas, som e circuito interno de TV;

LXII. Uma cadeia de comando deve ser estabelecida e cada responsável deve ter cópia atualizada do Plano de Contingência;

LXIII. Os comandos da polícia civil e militar, a autoridade local, serviços médicos, bombeiros e defesa civil devem ter cópias sempre atualizadas do Plano de Contingência;

LXIV. Planos de contingência precisam ser periodicamente atualizados e os funcionários do estádio devem ser submetidos a treinamento regular quanto a sua aplicação;

LXV. O Plano de Contingência deve ter procedimentos detalhados para as seguintes ocorrências (ordem alfabética):

LXVI. - ameaça de bomba ou explosão de bombas de fabricação caseira

LXVII. - atraso significativo no início da partida

LXVIII. - cancelamento da partida

LXIX. - danos estruturais ou alagamentos

LXX. - excesso de público em qualquer dos setores

LXXI. - falha grave no sistema de catracas

LXXII. - falha no placar eletrônico ou no sistema de som

LXXIII. - falha no sistema de rádio da equipe de segurança

LXXIV. - incêndio

LXXV. - ingressos falsificados em grande escala

LXXVI. - queda da energia elétrica

LXXVII. - tumultos dentro ou fora do estádio

LXXVIII. É importante que plantas detalhadas do estádio estejam disponíveis e sejam de fácil interpretação para todos os envolvidos com as operações de segurança.

Comissários de Estádio

"Um gerenciamento de segurança eficaz requer o emprego de Comissários de Estádio (previsto no Estatuto do Torcedor) para auxiliar na circulação e acomodação dos espectadores, na redução da possibilidade de incidentes e desordens, prevenir a superlotação de setores e outras áreas de circulação e tomar medidas imediatas nos casos de emergência";

"No exercício destas funções, o Comissário deve estar sempre atento e assegurar o cuidado, conforto e bem estar de todos os espectadores";

"As responsabilidades e tarefas dos Comissários de Estádio devem ser acordadas entre a gerência de segurança do clube e a Polícia Militar";

"O Comissário de Estádio deve ser pessoa treinada para agir de acordo com as recomendações da área de segurança do clube, bem como do comando do policiamento do estádio";

"Comissários de Estádio devem ser pessoas, homens ou mulheres, com bom preparo físico, não ter menos de dezoito anos nem mais de sessenta e ter temperamento adequado às funções";

"A prática internacional tem demonstrado que o padrão e a qualidade que se pode esperar estão diretamente ligados à remuneração e ao nível geral de reconhecimento que recebem e o status que se lhes é atribuído".

"A título de orientação, há pelo menos dez funções básicas para um Comissário de Estádio":

LXXIX. - entender suas responsabilidades básicas em relação à segurança e bem estar de todos os espectadores;

LXXX. - realizar todas as revisões e conferências de segurança necessárias antes de cada evento;

LXXXI. - controlar e direcionar espectadores que estejam entrando ou saindo do estádio, e ajudar na busca de fluxos homogêneos de pessoas indo, saindo ou dentro das áreas de visibilidade do campo de jogo;

LXXXII. - auxiliar na segurança operacional do estádio como um todo, não se preocupando em assistir às partidas;

LXXXIII. - ocupar áreas de entradas, saídas e outros pontos estratégicos, conforme descrição de suas tarefas, colaborando para garantir maior segurança em passagens continuamente abertas.

LXXXIV. - reconhecer as condições da multidão de modo a garantir sua dispersão e prevenção de superlotação, particularmente em áreas sem encadeiramento;

LXXXV. - auxiliar todos os serviços de emergência, sempre que requisitados para tal;

LXXXVI. - fornecer os primeiros socorros básicos (serão treinados para isto);

LXXXVII. - reagir às emergências tomando as atitudes necessárias e previstas no Plano de Contingência;

LXXXVIII. - assumir funções específicas quando em emergência conforme orientação da Gerência de Segurança ou da autoridade policial no comando da segurança no estádio;

Comissários de Estádio são representantes da gerência de segurança do estádio e em certos momentos o único ponto de contato entre o público e a administração; é, portanto, recomendável que eles tenham um código de conduta com exigências básicas:

LXXXIX. - educação e cordialidade;

XC. - cuidados na apresentação pessoal;

XCI. - não assistir aos jogos; devem se concentrar nas suas próprias funções;

XCII. - não vestir as cores de qualquer dos times;

XCIII. - não comemorar gols ou quaisquer outros lances;

XCIV. - não beber álcool antes ou durante o evento;

XCV. - não usar linguagem ofensiva ou chula;

A coordenação dos Comissários de Estádio deve ser feita a partir da Sala de Controle, através de cadeia de comando apropriada;

"Comissários devem ser facilmente identificáveis; devem usar coletes impermeáveis de cor laranja; os coletes devem ter numeração adequada à distribuição nas diversas áreas do estádio e à cadeia de comando; Comissários responsáveis pela entrada do público e orientação junto a bilheterias devem ter megafones para facilitar a comunicação com o público";

"Os coletes devem trazer a identificação clara do posto: Gerente de Segurança, Chefe dos Comissários, Supervisor ou Comissário; devem também ter um número possibilitando a identificação de cada Comissário";

"Se Comissários de Estádio do clube visitante acompanharem a equipe visitante, necessariamente devem participar da preleção antes da abertura dos portões; Comissários visitantes não contam como substitutos dos Comissários locais";

"A preleção para os Comissários é componente obrigatório para o eficaz gerenciamento da segurança. Se o número de Comissários for maior do que cinquenta é recomendável que o grupo seja dividido e a preleção feita em grupos; Na preleção são feitas as recomendações específicas de cada evento; é recomendável que um oficial da Polícia Militar acompanhe as preleções";

"É importante que ao final de cada jogo, os supervisores e o chefe de Comissários elaborem a súmula do evento, reportando todas as ocorrências; este documento será muito importante para a alimentação do Banco de Dados; cada Comissário deve preencher formulário próprio para o relato de incidentes por ele atendidos";

Todos os Comissários devem receber orientação por escrito, contendo no mínimo as seguintes informações:

XCVI. - introdução ao estádio, leiaute e cada responsável pela administração de cada área;

XCVII. - responsabilidades do Comissário de Estádio;

XCVIII. - orientação sobre a comunicação por rádio;

XCIX. - funções antes, durante e depois de cada partida;

C. - plano de contingência e procedimentos de emergência;

CI. - conhecimento da estrutura da cadeia de comando num dia de jogo;

CII. - prevenção e combate a incêndios;

CIII. - planta completa do estádio, com destaques para as saídas;

CIV. - posição dos pontos chave de telefonia, alarmes contra incêndio e geradores de energia;

"Cada Comissário de Estádio deve ter um cartão do tipo check list com todas as suas tarefas e instruções especiais e/ou de emergência, bem como os números de telefone e/ou de rádio da estrutura de segurança do estádio e do policiamento de serviço; todo Comissário de Estádio deve estar treinado para os cuidados necessários para com crianças, idosos e pessoas necessitando de cuidados especiais";

Estrutura

"As estruturas dos estádios devem estar de acordo com a legislação local, sendo capazes de suportar a carga para a qual foram projetadas, com boa margem de segurança";

"A mudança de comportamento das torcidas recomenda que novas avaliações sejam feitas com margens de segurança adequadas. Inspeções e avaliações devem ser feitas 24 horas antes das partidas";

"Todas as estruturas devem estar livres de danos, corrosão ou deformação que possa criar perigo para o público. Portões de saída ou de corredores de acesso devem estar em perfeito funcionamento";

"As rotas de entrada e saída devem estar desobstruídas, livres de quaisquer elementos que possam causar tropeços e sua superfície não pode ser escorregadia";

"Catracas e sistemas de monitoramento de entrada devem funcionar adequadamente e ter sistemas alternativos para o caso de falha";

"Não deve haver acumulação de lixo ou dejetos de alguma forma combustível; todas as áreas que sejam acessíveis ao público devem estar limpas";

"Todo e qualquer material perigoso ou que possa ser usado em caso de violência entre torcedores deve ser retirado para lugar seguro e inacessível aos torcedores em qualquer circunstância";

"As áreas proibidas ao público devem permanecer trancadas ou sob controle de Comissários de Estádio";

"Placas de indicação, se em local sem iluminação natural, devem estar adequadamente iluminadas";

"Equipamentos para cortar alambrados, em caso de emergência, devem estar em lugar acessível para o pessoal de segurança";

"Durante a partida, não deve ser permitido qualquer acúmulo de lixo ou dejetos, especialmente se comprometerem rotas de circulação";

"Depois das partidas, deve ser realizada inspeção para verificação da ocorrência de danos que possam causar perigo potencial aos espectadores, especialmente assentos soltos, grades soltas ou problemas em rampas e/ou escadas";

"Todos os vãos ou outros espaços que possam ser usados para armazenamento de quaisquer materiais não autorizados devem ser lacrados de forma segura";

"Bares e lanchonetes devem ter rotina de retirada de lixo, antes, durante e depois das partidas";

"Estas instalações devem ter rigorosa inspeção quanto a suas instalações elétricas ou de gás de cozinha";

"Banheiros e quaisquer outras instalações que tenham janela para a rua devem sofrer rigorosa e permanente inspeção para evitar que sejam utilizados para a introdução no estádio de qualquer material não permitido, fogos de artifício, sinalizadores ou armas";

"Todas as instalações elétricas, hidráulicas ou de comunicação devem estar protegidas contra vandalismo, devendo mesmo ter vigilância sobre os pontos considerados nevrálgicos";

"Todos os cabos de transmissão devem ser localizados de forma a serem inacessíveis ao público. Conduítes de PVC não são considerados seguros nestes casos";

"A iluminação de todas as rotas de entrada e saída, especialmente corredores e escadarias devem estar adequadamente iluminadas";

"A iluminação de corredores e escadarias deve ter proteção contra vandalismo".

"Lâmpadas queimadas devem ser trocadas regularmente para evitar aparência de abandono ou desleixo";

"Em áreas determinadas, a iluminação precisa ser adequada ao funcionamento do circuito interno de TV (CITV)";

"Paredes devem estar limpas de pichações";

"Geradores auxiliares para emergências devem ficar em lugar isolado do público e devem ser testados no mínimo 24 horas antes da partida";

"Luzes de emergência são necessárias em rotas de acesso e saída, especialmente em escadarias e rampas";

"Elevadores de passageiros devem atender todas as especificações da legislação local quantos às normas de segurança e operação; alarmes de emergência dos elevadores devem ser audíveis na Sala de Controle";

"A Gerência de Segurança deve manter planta detalhada do estádio, interna e externamente, bem como das ruas adjacentes que estejam relacionadas com as rotas de entrada e saída ou com a movimentação das bilheterias";

"Veículos não devem ser estacionados de maneira que obstruam a entrada de espectadores ou outros veículos dos serviços de segurança ou emergência";

"Cabos ou outras formas de conexão não podem ser colocados de forma que obstruam o movimento dos espectadores. Se necessário, no cruzamento de áreas de trânsito, devem ser enterrados";

Marco Aurélio Klein, Coordenador-Executivo da Comissão Paz no Esporte
Comissão Nacional de Prevenção da Violência para a Segurança dos
Espetáculos Esportivos

13. Controle de Acesso

Extraido do Livro "Segurança é Prevenção"
Editora Ciência Moderna (lcm@lcm.com.br)

13.1. Proteção de Entradas Não Permitidas

No caso de acesso não permitido, podemos desenvolver "Sensação de Segurança" através do emprego de:

- Barreiras Perimetrais (fixas e móveis);
- CFTV (Circuito Fechado de Televisão);
- Sensores de Alarmes Sonoros, Térmicos, de Contato;
- Detectores de Fumaça e de Movimento;
- Corpo de Segurança Patrimonial.

Os sistemas mencionados funcionam em conjunto, portanto, devem ser vigiados e monitorados 24h por dia por profissionais de segurança.

13.2. Controle de Entradas Permitidas

No caso de acesso permitido, desenvolveremos a Sensação de Segurança através do emprego de:

- Pórticos Detectores de Metais;
- Pórticos Detectores de Metais;
- Senhas, Biometria;
- CFTV (Circuito Fechado de Televisão);
- Corpo de Segurança Patrimonial.

13.2.1. Cuidados Especiais

Apesar de ser um acesso permitido, alguns cuidados devem ser tomados para não perdermos a sensação de segurança necessária.

- No caso do Controle de Acesso, as pessoas sofrem o que chamamos de Autenticação, ou seja, verificamos o RG, o documento de identidade. É fundamental que tenhamos certeza absoluta de que aquela pessoa é quem realmente diz ser. Os usuários e visitantes especiais, normalmente são cadastrados no software com as respectivas permissões de acesso, faixas de horário, validade, etc., e esses dados são enviados para a memória de cada controladora. O cadastro também inclui a captura de foto. Uma vez feita a Autenticação, estando tudo bem, a pessoa é Autorizada*.

    * Autorização é quando verificamos que ações aquela pessoa pode fazer dentro do sistema. Por exemplo, em um determinado setor a pessoa poderá dirigir-se para as cadeiras azuis, ou poderá ter acesso à área VIP.

- Os registros de acessos autorizados ou negados ficam armazenados na memória interna e são enviados para o software para emissão de relatórios como entradas e saídas de cada usuário, registro de tempo de permanência no local, listagem de quem ainda não saiu de determinado local e assim por diante.

- O sistema permite o controle de usuários previamente autorizados, identificando os funcionários, torcedores, terceirizados e/ou qualquer outra categoria de usuário. Permite também acesso a visitantes autorizados, e pré agendamento de visitações. Todos os usuários são classificados de acordo com a necessidade da empresa. Disponibiliza relatórios individuais e personalizados e também identifica o tempo de permanência do usuário dentro das áreas pré-estabelecidas (controlada).

13.2.2. Identificação de pessoas conhecidas

O profissional de segurança fará a identificação visual, permitindo o acesso conforme as normas e diretrizes da empresa. Caso os funcionários tenham o crachá eletrônico ou qualquer outro sistema de controle como impressão digital, fundo de olho, biometria, etc., o acesso estará sujeito a liberação eletrônica.

13.2.3. Identificação do Público Em Geral

Os torcedores são normalmente cadastrados no ato da compra dos ingressos, mediante a apresentação do RG, documento de identidade. Os Estádios de Futebol monitoram por imagem das catracas e com equipamentos de gravação fotográfica do rosto, a fim de identificar os torcedores e relacioná-los com o ingresso adquirido. Vinculando a imagem ao cadastro, registrando o dia, a hora e o local de acesso ao Estádio.

13.3. Prevenção de sabotagem

Conscientes que segurança é prevenção, é necessário que estejamos bastante atentos à possibilidade de sabotagem, afinal, estamos falando de um grande evento. Vigiar é total atenção, é tentar perceber a intenção, o que está por trás de determinadas atitudes, assim é necessário que nos relacionemos. Vigiar é se relacionar, e relacionar-se é um dom de Deus; precisa ser desenvolvido. Quem não se relaciona se isola, e quando nos isolamos, ficamos vulneráveis. Não temos o direito de ser "pobres inocentes". É muita incoerência quando um profissional de segurança vem com aquela desculpa esfarrapada do tipo "eu não vi nada" ou "eu não sabia de nada"; aliás, qual o motivo da sua contratação?

Lembre-se de que você é um vigilante, um profissional de segurança, portanto, vigie, use o seu "feeling" e tente perceber o que há por trás dos panos, desconfie. Tudo aquilo que não estiver dentro dos padrões normais, nem pra mais nem pra menos, desconfie, procure checar as informações e, inclusive, checar o seu próprio sentimento. Não despreze o seu "sentimento". Certifique-se! Esteja sempre atento às pessoas com atitudes e comportamentos suspeitos, com objetos suspeitos. Caso a suspeita seja fundamentada, informe imediatamente ao seu superior hierárquico.

Sabemos que cumprir normas e diretrizes, de uma maneira geral, é sempre uma atitude um tanto antipática; as pessoas sempre questionam, assim nós, profissionais de segurança, devemos conhecê-las à fundo para que tenhamos condições de esclarecer quando houver necessidade. Nos dias de hoje, com o avanço tecnológico, é necessário redobrarmos nossa atenção, caso contrário seremos feitos de bobos. Observem e pensem nas possibilidades absurdas existem de um fanático qualquer entrar em um estádio com armas, materiais explosivos, armas brancas, etc. Percebam que se não usarmos o nosso sentimento, é simplesmente impossível detectarmos ações de terrorismo, vandalismo e sabotagem de todos os tipos.

Segurança é Prevenção, portanto, esteja bastante atento; mantenha sempre uma atitude de extrema educação, seja gentil, cortes, mas, "desconfie", de:

- Pessoas que tentam fazer amizade com profissionais de segurança;
- Pessoas que se aproximam com perguntas duvidosas, sem motivo aparente;
- Pessoas idosas que carregam embrulhos, bolsas, malas que, nitidamente, não lhes pertence;
- Pessoas com carrinho de bebê, cadeira de rodas, bengalas, muletas, etc.
- Pessoas que se mostram curiosas com relação à segurança de uma maneira geral;
- Pessoas paradas, observando o movimento de entrada e saída sem motivo aparente;
- Pessoas que tentam disfarçar quando percebem que estão sendo observadas;
- Pessoas demasiadamente educadas e compreensivas quando abordadas;
- Pessoas demasiadamente descontroladas quando abordadas;
- Pessoas que se aproximam de outras pessoas e as deixam nitidamente alteradas;
- Pessoas que estão juntas com outras pessoas, mas, percebemos que não se conhecem;
- Veículos estacionados nas imediações com pessoas observando o movimento;
- Veículos transitando nas imediações, com pessoas observando o movimento;
- Veículos não identificados ou mal identificados (placa suja) chegando em alta velocidade;
- Veículos potentes e caminhões parados com ocupantes no seu interior: carro forte à caminho.
- "Garis" que resolvem dar uma geral justamente no horário de chegada do carro forte;
- "Policiais" a pé, com a barba/cabelo alterados, uniforme em desacordo e sem a presença de viatura policial na área.

[Dinâmica de Grupo]

Pense e crie você mesmo mais cinco hipóteses que, na sua opinião, têm grandes possibilidades de se tornarem realidade, nos Grandes Eventos.

13.4. Controle de entrada e saída de materiais e equipamentos

Quando uma empresa de segurança privada é contratada, obviamente, quem a contratou espera sentir-se seguro, portanto, embora nossas linhas de ação muitas vezes pareçam antipáticas àqueles que protegemos, é necessário que tenhamos consciência de que precisamos ser profissionais. Assim não devemos permitir que a emoção sobreponha a razão. Em todas as transações que envolvem compra, venda e transporte de bens ou serviços, é uma exigência legal a emissão de nota fiscal, constitui-se crime de sonegação fiscal o não fornecimento deste documento. O profissional de segurança que atua no Controle de Entrada e Saída de Materiais e Equipamentos tem por missão controlar a emissão de notas fiscais, bem como documentar a entrada e saída de materiais e equipamentos emprestados, doados, recuperados, etc. O profissional de segurança precisa conhecer as normas e diretrizes relativas ao assunto em questão. Sempre haverá um formulário que deverá ser preenchido na íntegra constando, obrigatoriamente, a assinatura do gerente que está autorizando a saída daquele material. O vigilante deverá reter o formulário, ou a via correspondente, a qual carimbará, assinará e, após anotar os dados que certamente alimentarão o sistema de controle e segurança, devolverá à gerência que autorizou.

13.5. Equipamentos Eletrônicos

13.5.1. Noções gerais, Conceito e apresentação

Aprendemos que "Segurança" não existe, o que de fato as empresas de segurança vendem é "Sensação de Segurança". Os equipamentos eletrônicos aumentam significativamente esta Sensação de Segurança, "protegendo" pessoas, ambientes e objetos. Existe um leque de alternativas, equipamentos eletrônicos de todos os tipos e modelos que, implantados após uma analise e avaliação dos riscos existentes, trazem uma certa tranquilidade, ou melhor, deixam o usuário com a sensação de estar seguro, tudo em perfeita harmonia. Talvez grande parte das pessoas desconheçam que os sistemas de segurança estão cada vez mais acessíveis. É importantíssimo que nós tenhamos consciência do valor que esses equipamentos eletrônicos representam. Sensores, centrais e alarmes, não são mais objetos de ficção ou dos filmes de ação. Através de micro câmeras dos mais diversos tamanhos, por exemplo, é possível e viável acompanhar a rotina dos filhos, observar como a babá está cuidando do bebê e ver se os "funcionários" estão conservando tudo em ordem. Segurança é prevenção, segurança é quando adotamos medidas preventivas capazes de inibir uma ação criminosa, capazes de inibir os riscos de uma ação criminosa. Para isso é necessário empregarmos um conjunto de ações que congrega, coligando equipamentos e atitudes.

13.5.2 Central de alarme

Uma central de alarme tem como função principal, analisar e reportar as informações enviadas a ela pelos periféricos do sistema (sensores, teclados, sirenes, etc.), além de acionar sirenes no momento de uma invasão, ou qualquer outra condição de alarme vindo do local protegido. A central de alarme tem como principal função comunicar à central de monitoramento todos os eventos por ela registrados e armazenados na memória interna. Fazendo uma analogia com o corpo humano, é o nosso Sistema Nervoso Central. A comunicação entre a "central de alarme do usuário do sistema" e a "central de monitoramento" é feita através de modem digital a elas incorporado, utilizando linguagens de comunicação de alta confiabilidade com padrões invioláveis. A transmissão dos eventos é feita em no máximo 4 segundos. A central de alarme é provida de bateria que fornece energia, quando falta energia de rede (110V/220V).

13.5.3. Central de Monitoramento

A Central de Monitoramento recebe todas as informações (sinais) dos sistemas de alarme remotos, tais como: abertura, fechamento e intrusão.

13.5.4. CFTV (Circuito Fechado de TV)

São câmeras, mini câmeras e monitores de vídeo, com gravação e transmissão simultânea digital de imagens. Os sistemas permitem acompanhar em tempo real o que está acontecendo em cada ambiente e ainda gravar imagens que podem facilitar a identificação em uma situação de emergência. Um "kit básico" para CFTV contém: Uma câmera que capta a situação do espaço a ser monitorado, cabos que levam a imagem e o monitor que apresenta o que está acontecendo. Quando desenvolvemos um projeto de segurança, percebemos claramente que a grande diferença está exatamente nos equipamentos intermediários que oferecem maiores ou menores possibilidades e limitações. Esses equipamentos intermediários são definidos em razão das necessidades do cliente e das particularidades do ambiente.

13.5.5. Aplicação de Vídeo-vigilância

O módulo de Vídeo-vigilância permite a captura, processamento, visualização e armazenamento de imagens, bem como a operação dos equipamentos de imagem (câmeras e monitores), gravação (vídeo-gravadores analógicos e digitais) e sensores de atuação.

- Monitorização visual de espaços públicos e/ou privados.
- Controle e gestão de equipamentos de CFTV.
- Representação gráfica dos alarmes nos equipamentos.
- Atuação sobre outros sistemas ou equipamentos externo.
- Disponibilização de alarmes em tempo real.

13.5.6. Sistemas Integrados

Sistemas de Alarme, CFTV, Controle de Acesso, Automação, Iluminação, entre outros, poderão ser integrados de forma a possibilitar um melhor desempenho, bem como, automatizar processos.

13.5.7. Sensores de infravermelho e ultra-som

Ultrassom (Sensores de Ocupação) ou infravermelho (Sensores de Presença). São amplamente utilizados nos mais diversos sistemas de alarmes sonoros e visuais, gravações nas centrais de alarme, ou simplesmente acendendo lâmpadas em um ambiente quando pessoas entram, e apagando as lâmpadas automaticamente quando as pessoas saem.

13.5.8. Sensores fotoelétricos

São dispositivos que emitem ondas infravermelhas invisíveis que, quando interrompidas, disparam o alarme. Podem ser instalados em ambientes externos ou internos. Todo sensor infravermelho tem como componente básico o elemento de captura da luz infravermelha que a transforma em sinal elétrico.

Ao alcançar um nível pré-determinado de operação, o sensor acusa o alarme.

13.5.9. Barreira/Proteção Perimetral

A proteção do perímetro (muros e grades) é fundamental para a sensação de segurança de condomínios, comércio e indústria. Para a detecção efetiva de invasão, diversas tecnologias poderão ser empregadas para a proteção de perímetros, tais como: Sensores infravermelhos ativos, Barreira de micro-ondas, Cerca eletrificada, Sistemas mistos, Sistemas de detecção de corte para alambrados, Sistemas de detecção através de fibra ótica, entre outros.

14. Relatório de ocorrência do vigilante (ROV)

Extraido do Livro"Segurança é Prevenção"
Editora Ciência Moderna (lcm@lcm.com.br)

O Relatório de Ocorrência do Vigilante (ROV) é um documento superimportante e necessário, obviamente, se for bem redigido, relatado e bem elaborado pelo Profissional de Segurança Privada. As informações nele contidas são fundamentais nos momentos de decisão, análise e avaliação por parte das autoridades policiais, cliente, empresa de segurança privada e, também, nos desfechos de processos judiciais.

É através do Relatório de Ocorrência que o Vigilante leva ao conhecimento de seus superiores, as informações necessárias e as alterações ocorridas durante o seu serviço, fornecendo-lhes uma série de dados (nomes de clientes, fornecedores, funcionários, acidentados, testemunhas, dados numéricos, ideias e sugestões, descrições, endereços, recados, etc.). É também uma valiosa ferramenta de resguardo da legalidade, nas possíveis ocorrências criminosas.

O Relatório de Ocorrência do Vigilante (ROV) pode ser conceituado como sendo uma exposição escrita, minuciosa e circunstanciada; um conjunto de informações utilizado para reportar resultados parciais ou totais de uma determinada atividade, experimento, projeto, ação,... Registro ordenado e minucioso das ocorrências que exigem a intervenção do Vigilante. Ocorrência que, de alguma forma, afete ou possa afetar o posto de serviço, e que, portanto, exige a intervenção do Profissional de Segurança por meio de ações ou medidas e atitudes preventivas.

O Relatório de Ocorrência do Vigilante (ROV) é um documento básico e fundamental; portanto, deve seguir um protocolo definido pela Empresa/Cliente.

A redação do Relatório deve caracterizar-se pela simplicidade e pela qualidade das informações; deve ser claro, preciso e conciso. É também necessário que nos preocupemos com a coerência e objetividade. A redação utilizada deve ser culta, evitando colocações prolixas, cuidando para que não haja demasiada interferência da individualidade do Profissional de Segurança que o elabora.

O Relatório de Ocorrência do Vigilante (ROV) deve ter um início, um rico conteúdo no meio e uma objetiva conclusão.

O Relatório de Ocorrência do Vigilante (ROV) deve sempre responder às perguntas abaixo relacionadas. É exatamente nesse ponto que nós gostaríamos de ajudá-lo.

Quem?   Personagens.

Quê?   Enredo.

Quando?   Data, dia e hora.

Onde?   O lugar da ocorrência.

Como?   O desenvolvimento dos fatos.

Por quê? A causa dos fatos ocorridos.

Recomenda-se que os fatos sejam relatados na seguinte ordem:

1. O fato que deu origem a ocorrência.
2. Circunstâncias com as quais o Vigilante se deparou ao chegar no local.
3. Providências tomadas.
4. Desfecho do fato ocorrido.

Deve-se relatar apenas o que é importante, necessário. Não devemos relatar fatos irrelevantes, sem importância, apenas para dar corpo ao relatório; preencher um espaço vazio com embromação, "encher linguiça", é pura bobagem. Devemos ser fieis ao fato, dando uma ideia clara do local, das pessoas envolvidas e, das circunstâncias, com um relato preciso e conciso das providências tomadas e do desfecho do fato. O Poder de Persuasão é conseguido através dos fatos; fatos são fatos, é algo verdadeiro, não se questiona, não se discute. Percebam que mesmo se os argumentos forem verdadeiros, se não estiverem baseados em fatos, nos levarão às dúvidas, contudo, se os argumentos forem baseados em fatos, certamente nos conduzirão à certeza absoluta.

Em observância aos princípios da legalidade, da necessidade e da conveniência, o Vigilante deve fundamentar as medidas e as atitudes que adotar. Deve expor, com clareza e objetividade, os motivos de fato e de direito que o levaram a adotar tais medidas. É necessário que no relatório, percebamos o seu poder de convencimento.

É necessário salientar que o Vigilante não é polícia, não tem poder de polícia; portanto, jamais deve fazer afirmações do tipo "a identidade era falsa", ou "ele estava bêbado", ou ainda "isso é cocaína". É imprescindível que o Vigilante descreva de maneira genérica, sem julgamentos, sem afirmativas descabidas, e, por fim, conscientes de que somos preconceituosos, não podemos ser dominados pelo preconceito, mas, ao identificá-lo, devemos dominá-lo. .

Conclusão:

Enfim, um Relatório de Ocorrência do Vigilante (ROV) bem confeccionado é aquele que descreve os acontecimentos de maneira ordenada, coerente, clara, precisa e concisa. É um conjunto de informações utilizado para reportar resultados parciais ou totais de uma determinada atividade, experimento, projeto, ação, serviço..., que resguarda as ações e providências adotadas pelos Vigilantes, normalmente, nos momentos mais críticos, nos momentos mais difíceis.

15. Lei Geral da Copa

Lei nº 12.663, de 5 de junho de 2012.

A PRESIDENTA DA REPÚBLICA Faço saber que o Congresso Nacional decreta e eu sanciono a seguinte Lei:

CAPÍTULO I
Disposições Preliminares

Art. 1º Esta Lei dispõe sobre as medidas relativas à Copa das Confederações FIFA 2013, à Copa do Mundo FIFA 2014 e aos eventos relacionados, que serão realizados no Brasil.

Art. 2º Para os fins desta Lei, serão observadas as seguintes definições:

I - Fédération Internationale de Football Association (FIFA): associação suíça de direito privado, entidade mundial que regula o esporte de futebol de associação, e suas subsidiárias não domiciliadas no Brasil;

II - Subsidiária FIFA no Brasil: pessoa jurídica de direito privado, domiciliada no Brasil, cujo capital social total pertence à FIFA;

III - Copa do Mundo FIFA 2014 - Comitê Organizador Brasileiro Ltda. (COL): pessoa jurídica de direito privado, reconhecida pela FIFA, constituída sob as leis brasileiras com o objetivo de promover a Copa das Confederações FIFA 2013 e a Copa do Mundo FIFA 2014, bem como os eventos relacionados;

IV - Confederação Brasileira de Futebol (CBF): associação brasileira de direito privado, sendo a associação nacional de futebol no Brasil;

V - Competições: a Copa das Confederações FIFA 2013 e a Copa do Mundo FIFA 2014;

VI - Eventos: as Competições e as seguintes atividades relacionadas às Competições, oficialmente organizadas, chanceladas, patrocinadas ou apoiadas pela FIFA, Subsidiárias FIFA no Brasil, COL ou CBF:

a) os congressos da FIFA, cerimônias de abertura, encerramento, premiação e outras cerimônias, sorteio preliminar, final e quaisquer outros sorteios, lançamentos de mascote e outras atividades de lançamento;
b) seminários, reuniões, conferências, workshops e coletivas de imprensa;
c) atividades culturais, concertos, exibições, apresentações, espetáculos ou outras expressões culturais, bem como os projetos Futebol pela Esperança (Football for Hope) ou projetos beneficentes similares;
d) partidas de futebol e sessões de treino; e
e) outras atividades consideradas relevantes para a realização, organização, preparação, marketing, divulgação, promoção ou encerramento das Competições;

VII - Confederações FIFA: as seguintes confederações:

a) Confederação Asiática de Futebol (Asian Football Confederation - AFC);
b) Confederação Africana de Futebol (Confédération Africaine de Football - CAF);
c) Confederação de Futebol da América do Norte, Central e Caribe (Confederation of North, Central American and Caribbean Association Football - Concacaf);
d) Confederação Sul-Americana de Futebol (Confederación Sudamericana de Fútbol - Conmebol);
e) Confederação de Futebol da Oceania (Oceania Football Confederation - OFC); e
f) União das Associações Europeias de Futebol (Union des Associations Européennes de Football - Uefa);

VIII - Associações Estrangeiras Membros da FIFA: as associações nacionais de futebol de origem estrangeira, oficialmente afiliadas à FIFA, participantes ou não das Competições;

IX - Emissora Fonte da FIFA: pessoa jurídica licenciada ou autorizada, com base em relação contratual, para produzir o sinal e o conteúdo audiovisual básicos ou complementares dos Eventos com o objetivo de distribuição no Brasil e no exterior para os detentores de direitos de mídia;

X - Prestadores de Serviços da FIFA: pessoas jurídicas licenciadas ou autorizadas, com base em relação contratual, para prestar serviços relacionados à organização e à produção dos Eventos, tais como:

a) coordenadores da FIFA na gestão de acomodações, de serviços de transporte, de programação de operadores de turismo e dos estoques de Ingressos;

b) fornecedores da FIFA de serviços de hospitalidade e de soluções de tecnologia da informação; e

c) outros prestadores licenciados ou autorizados pela FIFA para a prestação de serviços ou fornecimento de bens;

XI - Parceiros Comerciais da FIFA: pessoas jurídicas licenciadas ou autorizadas com base em qualquer relação contratual, em relação aos Eventos, bem como os seus subcontratados, com atividades relacionadas aos Eventos, excluindo as entidades referidas nos incisos III, IV e VII a X;

XII - Emissoras: pessoas jurídicas licenciadas ou autorizadas com base em relação contratual, seja pela FIFA, seja por nomeada ou licenciada pela FIFA, que adquiram o direito de realizar emissões ou transmissões, por qualquer meio de comunicação, do sinal e do conteúdo audiovisual básicos ou complementares de qualquer Evento, consideradas Parceiros Comerciais da FIFA;

XIII - Agência de Direitos de Transmissão: pessoa jurídica licenciada ou autorizada com base em relação contratual, seja pela FIFA, seja por nomeada ou autorizada pela FIFA, para prestar serviços de representação de vendas e nomeação de Emissoras, considerada Prestadora de Serviços da FIFA;

XIV - Locais Oficiais de Competição: locais oficialmente relacionados às Competições, tais como estádios, centros de treinamento, centros de mídia, centros de credenciamento, áreas de estacionamento, áreas para a transmissão de Partidas, áreas oficialmente designadas para atividades de lazer destinadas aos fãs, localizados ou não nas cidades que irão sediar as Competições, bem como qualquer local no qual o acesso seja restrito aos portadores de credenciais emitidas pela FIFA ou de Ingressos;

XV - Partida: jogo de futebol realizado como parte das Competições;

XVI - Períodos de Competição: espaço de tempo compreendido entre o 20º-(vigésimo) dia anterior à realização da primeira Partida e o 5º-(quinto) dia após a realização da última Partida de cada uma das Competições;

XVII - Representantes de Imprensa: pessoas naturais autorizadas pela FIFA, que recebam credenciais oficiais de imprensa relacionadas aos Eventos, cuja relação será divulgada com antecedência, observados os critérios previamente estabelecidos nos termos do § 1º do art. 13, podendo tal relação ser alterada com base nos mesmos critérios;

XVIII - Símbolos Oficiais: sinais visivelmente distintivos, emblemas, marcas, logomarcas, mascotes, lemas, hinos e qualquer outro símbolo de titularidade da FIFA; e

XIX - Ingressos: documentos ou produtos emitidos pela FIFA que possibilitam o ingresso em um Evento, inclusive pacotes de hospitalidade e similares.

Parágrafo único. A Emissora Fonte, os Prestadores de Serviços e os Parceiros Comerciais da FIFA referidos nos incisos IX, X e XI poderão ser autorizados ou licenciados diretamente pela FIFA ou por meio de uma de suas autorizadas ou licenciadas.

CAPÍTULO II
Da Proteção e Exploração de Direitos Comerciais

Seção I
Da Proteção Especial aos Direitos de Propriedade Industrial Relacionados aos Eventos

Art. 3º O Instituto Nacional da Propriedade Industrial (INPI) promoverá a anotação em seus cadastros do alto renome das marcas que consistam nos seguintes Símbolos Oficiais de titularidade da FIFA, nos termos e para os fins da proteção especial de que trata o art. 125 da Lei no 9.279, de 14 de maio de 1996:

I - emblema FIFA;

II - emblemas da Copa das Confederações FIFA 2013 e da Copa do Mundo FIFA 2014;

III - mascotes oficiais da Copa das Confederações FIFA 2013 e da Copa do Mundo FIFA 2014; e

IV - outros Símbolos Oficiais de titularidade da FIFA, indicados pela referida entidade em lista a ser protocolada no INPI, que poderá ser atualizada a qualquer tempo.

Parágrafo único. Não se aplica à proteção prevista neste artigo a vedação de que trata o inciso XIII do art. 124 da Lei nº 9.279, de 14 de maio de 1996.

Art. 4º O INPI promoverá a anotação em seus cadastros das marcas notoriamente conhecidas de titularidade da FIFA, nos termos e para os fins da proteção especial de que trata o art. 126 da Lei nº 9.279, de 14 de maio de 1996, conforme lista fornecida e atualizada pela FIFA.

Parágrafo único. Não se aplica à proteção prevista neste artigo a vedação de que trata o inciso XIII do art. 124 da Lei nº 9.279, de 14 de maio de 1996.

Art. 5º As anotações do alto renome e das marcas notoriamente conhecidas de titularidade da FIFA produzirão efeitos até 31 de dezembro de 2014, sem prejuízo das anotações realizadas antes da publicação desta Lei.

§ 1º Durante o período mencionado no caput, observado o disposto nos arts. 7º e 8º:

I - o INPI não requererá à FIFA a comprovação da condição de alto renome de suas marcas ou da caracterização de suas marcas como notoriamente conhecidas; e

II - as anotações de alto renome e das marcas notoriamente conhecidas de titularidade da FIFA serão automaticamente excluídas do Sistema de Marcas do INPI apenas no caso da renúncia total referida no art. 142 da Lei nº 9.279, de 14 de maio de 1996.

§ 2º A concessão e a manutenção das proteções especiais das marcas de alto renome e das marcas notoriamente conhecidas deverão observar as leis e regulamentos aplicáveis no Brasil após o término do prazo estabelecido no caput.

Art. 6º O INPI deverá dar ciência das marcas de alto renome ou das marcas notoriamente conhecidas de titularidade da FIFA ao Núcleo de Informação e Coordenação do Ponto BR (NIC.br), para fins de rejeição, de ofício, de registros de domínio que empreguem expressões ou termos idênticos às marcas da FIFA ou similares.

Art. 7º O INPI adotará regime especial para os procedimentos relativos a pedidos de registro de marca apresentados pela FIFA ou relacionados à FIFA até 31 de dezembro de 2014.

§ 1º A publicação dos pedidos de registro de marca a que se refere este artigo deverá ocorrer em até 60 (sessenta) dias contados da data da apresentação de cada pedido, ressalvados aqueles cujo prazo para publicação tenha sido suspenso por conta de exigência formal preliminar prevista nos arts. 156 e 157 da Lei nº 9.279, de 14 de maio de 1996.

§ 2º Durante o período previsto no caput, o INPI deverá, no prazo de 30 (trinta) dias contados da publicação referida no § 1º, de ofício ou a pedido da FIFA, indeferir qualquer pedido de registro de marca apresentado por terceiros que seja flagrante reprodução ou imitação, no todo ou em parte, dos Símbolos Oficiais, ou que possa causar evidente confusão ou associação não autorizada com a FIFA ou com os Símbolos Oficiais.

§ 3º As contestações aos pedidos de registro de marca a que se refere o caput devem ser apresentadas em até 60 (sessenta) dias da publicação.

§ 4º O requerente deverá ser notificado da contestação e poderá apresentar sua defesa em até 30 (trinta) dias.

§ 5º No curso do processo de exame, o INPI poderá fazer, uma única vez, exigências a serem cumpridas em até 10 (dez) dias, durante os quais o prazo do exame ficará suspenso.

§ 6º Após o prazo para contestação ou defesa, o INPI decidirá no prazo de 30 (trinta) dias e publicará a decisão em até 30 (trinta) dias após a prolação.

Art. 8º Da decisão de indeferimento dos pedidos de que trata o art. 7º caberá recurso ao Presidente do INPI, no prazo de 15 (quinze) dias contados da data de sua publicação.

§ 1º As partes interessadas serão notificadas para apresentar suas contrarrazões ao recurso no prazo de 15 (quinze) dias.

§ 2º O Presidente do INPI decidirá o recurso em até 20 (vinte) dias contados do término do prazo referido no § 1º.

§ 3º O disposto no § 5º do art. 7º aplica-se à fase recursal de que trata este artigo.

Art. 9º O disposto nos arts. 7º e 8º aplica-se também aos pedidos de registro de marca apresentados:

I - pela FIFA, pendentes de exame no INPI; e

II - por terceiros, até 31 de dezembro de 2014, que possam causar confusão com a FIFA ou associação não autorizada com a entidade, com os Símbolos Oficiais ou com os Eventos.

Parágrafo único. O disposto neste artigo não se aplica a terceiros que estejam de alguma forma relacionados aos Eventos e que não sejam a FIFA, Subsidiárias FIFA no Brasil, COL ou CBF.

Art. 10. A FIFA ficará dispensada do pagamento de eventuais retribuições referentes a todos os procedimentos no âmbito do INPI até 31 de dezembro de 2014.

Seção II
Das Áreas de Restrição Comercial e Vias de Acesso

Art. 11. A União colaborará com os Estados, o Distrito Federal e os Municípios que sediarão os Eventos e com as demais autoridades competentes para assegurar à FIFA e às pessoas por ela indicadas a autorização para, com exclusividade, divulgar suas marcas, distribuir, vender, dar publicidade ou realizar propaganda de produtos e serviços, bem como outras atividades promocionais ou de comércio de rua, nos Locais Oficiais de Competição, nas suas imediações e principais vias de acesso.

§ 1º Os limites das áreas de exclusividade relacionadas aos Locais Oficiais de Competição serão tempestivamente estabelecidos pela autoridade competente, considerados os requerimentos da FIFA ou de terceiros por ela indicados, atendidos os requisitos desta Lei e observado o perímetro máximo de 2 km (dois quilômetros) ao redor dos referidos Locais Oficiais de Competição.

§ 2º A delimitação das áreas de exclusividade relacionadas aos Locais Oficiais de Competição não prejudicará as atividades dos estabelecimentos regularmente em funcionamento, desde que sem qualquer forma de associação aos Eventos e observado o disposto no art. 170 da Constituição Federal.

Seção III
Da Captação de Imagens ou Sons, Radiodifusão e Acesso aos Locais Oficiais de Competição

Art. 12. A FIFA é a titular exclusiva de todos os direitos relacionados às imagens, aos sons e às outras formas de expressão dos Eventos, incluindo os de explorar, negociar, autorizar e proibir suas transmissões ou retransmissões.

Art. 13. O credenciamento para acesso aos Locais Oficiais de Competição durante os Períodos de Competição ou por ocasião dos Eventos, inclusive em relação aos Representantes de Imprensa, será realizado exclusivamente pela FIFA, conforme termos e condições por ela estabelecidos.

§ 1º Até 180 (cento e oitenta) dias antes do início das Competições, a FIFA deverá divulgar manual com os critérios de credenciamento de que trata o caput, respeitados os princípios da publicidade e da impessoalidade.

§ 2º As credenciais conferem apenas o acesso aos Locais Oficiais de Competição e aos Eventos, não implicando o direito de captar, por qualquer meio, imagens ou sons dos Eventos.

Art. 14. A autorização para captar imagens ou sons de qualquer Evento ou das Partidas será exclusivamente concedida pela FIFA, inclusive em relação aos Representantes de Imprensa.

Art. 15. A transmissão, a retransmissão ou a exibição, por qualquer meio de comunicação, de imagens ou sons dos Eventos somente poderão ser feitas mediante prévia e expressa autorização da FIFA.

§ 1º Sem prejuízo da exclusividade prevista no art. 12, a FIFA é obrigada a disponibilizar flagrantes de imagens dos Eventos aos veículos de comunicação interessados em sua retransmissão, em definição padrão (SDTV) ou em alta-definição (HDTV), a critério do veículo interessado, observadas as seguintes condições cumulativas:

I - que o Evento seja uma Partida, cerimônia de abertura das Competições, cerimônia de encerramento das Competições ou sorteio preliminar ou final de cada uma das Competições;

II - que a retransmissão se destine à inclusão em noticiário, sempre com finalidade informativa, sendo proibida a associação dos flagrantes de imagens a qualquer forma de patrocínio, promoção, publicidade ou atividade de marketing;

III - que a duração da exibição dos flagrantes observe os limites de tempo de 30 (trinta) segundos para qualquer Evento que seja realizado de forma pública e cujo acesso seja controlado pela FIFA, exceto as Partidas, para as quais prevalecerá o limite de 3% (três por cento) do tempo da Partida;

IV - que os veículos de comunicação interessados comuniquem a intenção de ter acesso ao conteúdo dos flagrantes de imagens dos Eventos, por escrito, até 72 (setenta e duas) horas antes do Evento, à FIFA ou a pessoa por ela indicada; e

V - que a retransmissão ocorra somente na programação dos canais distribuídos exclusivamente no território nacional.

§ 2º Para os fins do disposto no § 1º, a FIFA ou pessoa por ela indicada deverá preparar e disponibilizar aos veículos de comunicação interessados, no mínimo, 6 (seis) minutos dos principais momentos do Evento, em definição padrão (SDTV) ou em alta-definição (HDTV), a critério do veículo interessado, logo após a edição das imagens e dos sons e em prazo não superior a 2 (duas) horas após o fim do Evento, sendo que deste conteúdo o interessado deverá selecionar trechos dentro dos limites dispostos neste artigo.

§ 3º No caso das redes de programação básica de televisão, o conteúdo a que se refere o § 2º será disponibilizado à emissora geradora de sinal nacional de televisão e poderá ser por ela distribuído para as emissoras que veiculem sua programação, as quais:

I - serão obrigadas ao cumprimento dos termos e condições dispostos neste artigo; e

II - somente poderão utilizar, em sua programação local, a parcela a que se refere o inciso III do § 1º, selecionada pela emissora geradora de sinal nacional.

§ 4º O material selecionado para exibição nos termos do § 2º deverá ser utilizado apenas pelo veículo de comunicação solicitante e não poderá ser utilizado fora do território nacional brasileiro.

§ 5º Os veículos de comunicação solicitantes não poderão, em momento algum:

I - organizar, aprovar, realizar ou patrocinar qualquer atividade promocional, publicitária ou de marketing associada às imagens ou aos sons contidos no conteúdo disponibilizado nos termos do § 2º; e

II - explorar comercialmente o conteúdo disponibilizado nos termos do § 2º, inclusive em programas de entretenimento, documentários, sítios da rede mundial de computadores ou qualquer outra forma de veiculação de conteúdo.

Seção IV
Das Sanções Civis

Art. 16. Observadas as disposições da Lei nº 10.406, de 10 de janeiro de 2002 (Código Civil), é obrigado a indenizar os danos, os lucros cessantes e qualquer proveito obtido aquele que praticar, sem autorização da FIFA ou de pessoa por ela indicada, entre outras, as seguintes condutas:

I - atividades de publicidade, inclusive oferta de provas de comida ou bebida, distribuição de produtos de marca, panfletos ou outros materiais promocionais ou ainda atividades similares de cunho publicitário nos Locais Oficiais de Competição, em suas principais vias de acesso, nas áreas a que se refere o art. 11 ou em lugares que sejam claramente visíveis a partir daqueles;

II - publicidade ostensiva em veículos automotores, estacionados ou circulando pelos Locais Oficiais de Competição, em suas principais vias de acesso, nas áreas a que se refere o art. 11 ou em lugares que sejam claramente visíveis a partir daqueles;

III - publicidade aérea ou náutica, inclusive por meio do uso de balões, aeronaves ou embarcações, nos Locais Oficiais de Competição, em suas principais vias de acesso, nas áreas a que se refere o art. 11 ou em lugares que sejam claramente visíveis a partir daqueles;

IV - exibição pública das Partidas por qualquer meio de comunicação em local público ou privado de acesso público, associada à promoção comercial de produto, marca ou serviço ou em que seja cobrado Ingresso;

V - venda, oferecimento, transporte, ocultação, exposição à venda, negociação, desvio ou transferência de Ingressos, convites ou qualquer outro tipo de autorização ou credencial para os Eventos de forma onerosa, com a intenção de obter vantagens para si ou para outrem; e

VI - uso de Ingressos, convites ou qualquer outro tipo de autorização ou credencial para os Eventos para fins de publicidade, venda ou promoção, como benefício, brinde, prêmio de concursos, competições ou promoções, como parte de pacote de viagem ou hospedagem, ou a sua disponibilização ou o seu anúncio para esses propósitos.

§ 1º O valor da indenização prevista neste artigo será calculado de maneira a englobar quaisquer danos sofridos pela parte prejudicada, incluindo os lucros cessantes e qualquer proveito obtido pelo autor da infração.

§ 2º Serão solidariamente responsáveis pela reparação dos danos referidos no caput todos aqueles que realizarem, organizarem, autorizarem, aprovarem ou patrocinarem a exibição pública a que se refere o inciso IV.

Art. 17. Caso não seja possível estabelecer o valor dos danos, lucros cessantes ou vantagem ilegalmente obtida, a indenização decorrente dos atos ilícitos previstos no art. 16 corresponderá ao valor que o autor da infração teria pago ao titular do direito violado para que lhe fosse permitido explorá-lo regularmente, tomando-se por base os parâmetros contratuais geralmente usados pelo titular do direito violado.

Art. 18. Os produtos apreendidos por violação ao disposto nesta Lei serão destruídos ou doados a entidades e organizações de assistência social, respeitado o devido processo legal e ouvida a FIFA, após a descaracterização dos produtos pela remoção dos Símbolos Oficiais, quando possível.

CAPÍTULO III
Dos Vistos de Entrada e das Permissões de Trabalho

Art. 19. Deverão ser concedidos, sem qualquer restrição quanto à nacionalidade, raça ou credo, vistos de entrada, aplicando-se, subsidiariamente, no que couber, as disposições da Lei nº 6.815, de 19 de agosto de 1980, para:

I - todos os membros da delegação da FIFA, inclusive:

a) membros de comitê da FIFA;
b) equipe da FIFA ou das pessoas jurídicas, domiciliadas ou não no Brasil, de cujo capital total e votante a FIFA detenha ao menos 99% (noventa e nove por cento);
c) convidados da FIFA; e
d) qualquer outro indivíduo indicado pela FIFA como membro da delegação da FIFA;

II - funcionários das Confederações FIFA;

III - funcionários das Associações Estrangeiras Membros da FIFA;

IV - árbitros e demais profissionais designados para trabalhar durante os Eventos;

V - membros das seleções participantes em qualquer das Competições, incluindo os médicos das seleções e demais membros da delegação;

VI - equipe dos Parceiros Comerciais da FIFA;

VII - equipe da Emissora Fonte da FIFA, das Emissoras e das Agências de Direitos de Transmissão;

VIII - equipe dos Prestadores de Serviços da FIFA;

IX - clientes de serviços comerciais de hospitalidade da FIFA;

X - Representantes de Imprensa; e

XI - espectadores que possuam Ingressos ou confirmação de aquisição de Ingressos válidos para qualquer Evento e todos os indivíduos que demonstrem seu envolvimento oficial com os Eventos, contanto que evidenciem de maneira razoável que sua entrada no País possui alguma relação com qualquer atividade relacionada aos Eventos.

§ 1º O prazo de validade dos vistos de entrada concedidos com fundamento nos incisos I a XI encerra-se no dia 31 de dezembro de 2014.

§ 2º O prazo de estada dos portadores dos vistos concedidos com fundamento nos incisos I a X poderá ser fixado, a critério da autoridade competente, até o dia 31 de dezembro de 2014.

§ 3º O prazo de estada dos portadores dos vistos concedidos com fundamento no inciso XI será de até 90 (noventa) dias, improrrogáveis.

§ 4º Considera-se documentação suficiente para obtenção do visto de entrada ou para o ingresso no território nacional o passaporte válido ou documento de viagem equivalente, em conjunto com qualquer instrumento que demonstre a vinculação de seu titular com os Eventos.

§ 5º O disposto neste artigo não constituirá impedimento à denegação de visto e ao impedimento à entrada, nas hipóteses previstas nos arts. 7º e 26 da Lei nº 6.815, de 19 de agosto de 1980.

§ 6º A concessão de vistos de entrada a que se refere este artigo e para os efeitos desta Lei, quando concedidos no exterior, pelas Missões diplomáticas, Repartições consulares de carreira, Vice-Consulares e, quando autorizados pela Secretaria de Estado das Relações Exteriores, pelos Consulados honorários terá caráter prioritário na sua emissão.

§ 7º Os vistos de entrada concedidos com fundamento no inciso XI deverão ser emitidos mediante meio eletrônico, na forma disciplinada pelo Poder Executivo, se na época houver disponibilidade da tecnologia adequada.

Art. 20. Serão emitidas as permissões de trabalho, caso exigíveis, para as pessoas mencionadas nos incisos I a X do art. 19, desde que comprovado, por documento expedido pela FIFA ou por terceiro por ela indicado, que a entrada no País se destina ao desempenho de atividades relacionadas aos Eventos.

§ 1º Em qualquer caso, o prazo de validade da permissão de trabalho não excederá o prazo de validade do respectivo visto de entrada.

§ 2º Para os fins desta Lei, poderão ser estabelecidos procedimentos específicos para concessão de permissões de trabalho.

Art. 21. Os vistos e permissões de que tratam os arts. 19 e 20 serão emitidos em caráter prioritário, sem qualquer custo, e os requerimentos serão concentrados em um único órgão da administração pública federal.

CAPÍTULO IV
Da Responsabilidade Civil

Art. 22. A União responderá pelos danos que causar, por ação ou omissão, à FIFA, seus representantes legais, empregados ou consultores, na forma do § 6o do art. 37 da Constituição Federal.

Art. 23. A União assumirá os efeitos da responsabilidade civil perante a FIFA, seus representantes legais, empregados ou consultores por todo e qualquer dano resultante ou que tenha surgido em função de qualquer incidente ou acidente de segurança relacionado aos Eventos, exceto se e na medida em que a FIFA ou a vítima houver concorrido para a ocorrência do dano.

Parágrafo único. A União ficará sub-rogada em todos os direitos decorrentes dos pagamentos efetuados contra aqueles que, por ato ou omissão, tenham causado os danos ou tenham para eles concorrido, devendo o beneficiário fornecer os meios necessários ao exercício desses direitos.

Art. 24. A União poderá constituir garantias ou contratar seguro privado, ainda que internacional, em uma ou mais apólices, para a cobertura de riscos relacionados aos Eventos.

CAPÍTULO V
Da Venda De Ingressos

Art. 25. O preço dos Ingressos será determinado pela FIFA.

Art. 26. A FIFA fixará os preços dos Ingressos para cada partida das Competições, obedecidas as seguintes regras:

I - os Ingressos serão personalizados com a identificação do comprador e classificados em 4 (quatro) categorias, numeradas de 1 a 4;

II - Ingressos das 4 (quatro) categorias serão vendidos para todas as partidas das Competições; e

III - os preços serão fixados para cada categoria em ordem decrescente, sendo o mais elevado o da categoria 1.

§ 1º Do total de Ingressos colocados à venda para as Partidas:

I - a FIFA colocará à disposição, para as Partidas da Copa do Mundo FIFA 2014, no decurso das diversas fases de venda, ao menos, 300.000 (trezentos mil) Ingressos para a categoria 4;

II - a FIFA colocará à disposição, para as partidas da Copa das Confederações FIFA 2013, no decurso das diversas fases de venda, ao menos, 50.000 (cinquenta mil) Ingressos da categoria 4.

§ 2º A quantidade mínima de Ingressos da categoria 4, mencionada nos incisos I e II do § 1º deste artigo, será oferecida pela FIFA, por meio de um ou mais sorteios públicos, a pessoas naturais residentes no País, com prioridade para as pessoas listadas no § 5º deste artigo, sendo que tal prioridade não será aplicável:

I - às vendas de Ingressos da categoria 4 realizadas por quaisquer meios que não sejam mediante sorteios;

II - aos Ingressos da categoria 4 oferecidos à venda pela FIFA, uma vez ofertada a quantidade mínima de Ingressos referidos no inciso I do § 1º deste artigo.

§ 3º (VETADO).

§ 4º Os sorteios públicos referidos no § 2º serão acompanhados por órgão federal competente, respeitados os princípios da publicidade e da impessoalidade.

§ 5º Em todas as fases de venda, os Ingressos da categoria 4 serão vendidos com desconto de 50% (cinquenta por cento) para as pessoas naturais residentes no País abaixo relacionadas:

I - estudantes;

II - pessoas com idade igual ou superior a 60 (sessenta) anos; e

III - participantes de programa federal de transferência de renda.

§ 6º Os procedimentos e mecanismos que permitam a destinação para qualquer pessoa, desde que residente no País, dos Ingressos da categoria 4 que não tenham sido solicitados por aquelas mencionadas no § 5º deste artigo, sem o desconto ali referido, serão de responsabilidade da FIFA.

§ 7º Os entes federados e a FIFA poderão celebrar acordos para viabilizar o acesso e a venda de Ingressos em locais de boa visibilidade para as pessoas com deficiência e seus acompanhantes, sendo assegurado, na forma do regulamento, pelo menos, 1% (um por cento) do número de Ingressos ofertados, excetuados os acompanhantes, observada a existência de instalações adequadas e específicas nos Locais Oficiais de Competição.

§ 8º O disposto no § 7º deste artigo efetivar-se-á mediante o estabelecimento pela entidade organizadora de período específico para a solicitação de compra, inclusive por meio eletrônico.

§ 9º (VETADO).

§ 10. Os descontos previstos na Lei no 10.741, de 10 de outubro de 2003 (Estatuto do Idoso), aplicam-se à aquisição de Ingressos em todas as categorias, respeitado o disposto no § 5º deste artigo.

§ 11. A comprovação da condição de estudante, para efeito da compra dos Ingressos de que trata o inciso I do § 5º deste artigo é obrigatória e dar-se-á mediante a apresentação da Carteira de Identificação Estudantil, conforme modelo único nacionalmente padronizado pelas entidades nacionais estudantis, com Certificação Digital, nos termos do regulamento, expedida exclusivamente pela Associação Nacional de Pós-Graduandos (ANPG), pela União Nacional dos Estudantes (UNE), pelos Diretórios Centrais dos Estudantes (DCEs) das instituições de ensino superior, pela União Brasileira dos Estudantes Secundaristas (UBES) e pelas uniões estaduais e municipais de estudantes universitários ou secundaristas.

§ 12. Os Ingressos para proprietários ou possuidores de armas de fogo que aderirem à campanha referida no inciso I do art. 29 e para indígenas serão objeto de acordo entre o poder público e a FIFA.

Art. 27. Os critérios para cancelamento, devolução e reembolso de Ingressos, assim como para alocação, realocação, marcação, remarcação e cancelamento de assentos nos locais dos Eventos serão definidos pela FIFA, a qual poderá inclusive dispor sobre a possibilidade:

I - de modificar datas, horários ou locais dos Eventos, desde que seja concedido o direito ao reembolso do valor do Ingresso ou o direito de comparecer ao Evento remarcado;

II - da venda de Ingresso de forma avulsa, da venda em conjunto com pacotes turísticos ou de hospitalidade; e

III - de estabelecimento de cláusula penal no caso de desistência da aquisição do Ingresso após a confirmação de que o pedido de Ingresso foi aceito ou após o pagamento do valor do Ingresso, independentemente da forma ou do local da submissão do pedido ou da aquisição do Ingresso.

CAPÍTULO VI
Das Condições de Acesso e Permanência nos Locais Oficiais de Competição

Art. 28. São condições para o acesso e permanência de qualquer pessoa nos Locais Oficiais de Competição, entre outras:

I - estar na posse de Ingresso ou documento de credenciamento, devidamente emitido pela FIFA ou pessoa ou entidade por ela indicada;

II - não portar objeto que possibilite a prática de atos de violência;

III - consentir na revista pessoal de prevenção e segurança;

IV - não portar ou ostentar cartazes, bandeiras, símbolos ou outros sinais com mensagens ofensivas, de caráter racista, xenófobo ou que estimulem outras formas de discriminação;

V - não entoar xingamentos ou cânticos discriminatórios, racistas ou xenófobos;

VI - não arremessar objetos, de qualquer natureza, no interior do recinto esportivo;

VII - não portar ou utilizar fogos de artifício ou quaisquer outros engenhos pirotécnicos ou produtores de efeitos análogos, inclusive instrumentos dotados de raios laser ou semelhantes, ou que os possam emitir, exceto equipe autorizada pela FIFA, pessoa ou entidade por ela indicada para fins artísticos;

VIII - não incitar e não praticar atos de violência, qualquer que seja a sua natureza;

IX - não invadir e não incitar a invasão, de qualquer forma, da área restrita aos competidores, Representantes de Imprensa, autoridades ou equipes técnicas; e

X - não utilizar bandeiras, inclusive com mastro de bambu ou similares, para outros fins que não o da manifestação festiva e amigável.

§ 1º É ressalvado o direito constitucional ao livre exercício de manifestação e à plena liberdade de expressão em defesa da dignidade da pessoa humana.

§ 2º O não cumprimento de condição estabelecida neste artigo implicará a impossibilidade de ingresso da pessoa no Local Oficial de Competição ou o seu afastamento imediato do recinto, sem prejuízo de outras sanções administrativas, civis ou penais.

CAPÍTULO VII
Das Campanhas Sociais Nas Competições

Art. 29. O poder público poderá adotar providências visando à celebração de acordos com a FIFA, com vistas à:

I - divulgação, nos Eventos:

a) de campanha com o tema social "Por um mundo sem armas, sem drogas, sem violência e sem racismo";
b) de campanha pelo trabalho decente; e
c) dos pontos turísticos brasileiros;

II - efetivação de aplicação voluntária pela referida entidade de recursos oriundos dos Eventos, para:

a) a construção de centros de treinamento de atletas de futebol, conforme os requisitos determinados na alínea "d" do inciso II do § 20 do art. 29 da Lei no 9.615, de 24 de março de 1998;
b) o incentivo para a prática esportiva das pessoas com deficiência; e
c) o apoio às pesquisas específicas de tratamento das doenças raras;

III - divulgação da importância do combate ao racismo no futebol e da promoção da igualdade racial nos empregos gerados pela Copa do Mundo.

CAPÍTULO VIII
Disposições Penais

Utilização indevida de Símbolos Oficiais

Art. 30. Reproduzir, imitar, falsificar ou modificar indevidamente quaisquer Símbolos Oficiais de titularidade da FIFA:

Pena - detenção, de 3 (três) meses a 1 (um) ano ou multa.

Art. 31. Importar, exportar, vender, distribuir, oferecer ou expor à venda, ocultar ou manter em estoque Símbolos Oficiais ou produtos resultantes da reprodução, imitação, falsificação ou modificação não autorizadas de Símbolos Oficiais para fins comerciais ou de publicidade:

Pena - detenção, de 1 (um) a 3 (três) meses ou multa.

Marketing de Emboscada por Associação

Art. 32. Divulgar marcas, produtos ou serviços, com o fim de alcançar vantagem econômica ou publicitária, por meio de associação direta ou indireta com os Eventos ou Símbolos Oficiais, sem autorização da FIFA ou de pessoa por ela indicada, induzindo terceiros a acreditar que tais marcas, produtos ou serviços são aprovados, autorizados ou endossados pela FIFA:

Pena - detenção, de 3 (três) meses a 1 (um) ano ou multa.

Parágrafo único. Na mesma pena incorre quem, sem autorização da FIFA ou de pessoa por ela indicada, vincular o uso de Ingressos, convites ou qualquer espécie de autorização de acesso aos Eventos a ações de publicidade ou atividade comerciais, com o intuito de obter vantagem econômica.

Marketing de Emboscada por Intrusão

Art. 33. Expor marcas, negócios, estabelecimentos, produtos, serviços ou praticar atividade promocional, não autorizados pela FIFA ou por pessoa por ela indicada, atraindo de qualquer forma a atenção pública nos locais da ocorrência dos Eventos, com o fim de obter vantagem econômica ou publicitária:

Pena - detenção, de 3 (três) meses a 1 (um) ano ou multa.

Art. 34. Nos crimes previstos neste Capítulo, somente se procede mediante representação da FIFA.

Art. 35. Na fixação da pena de multa prevista neste Capítulo e nos arts. 41-B a 41-G da Lei no 10.671, de 15 de maio de 2003, quando os delitos forem relacionados às Competições, o limite a que se refere o § 1o do art. 49 do Decreto-Lei no 2.848, de 7 de dezembro de 1940 (Código Penal), pode ser acrescido ou reduzido em até 10 (dez) vezes, de acordo com as condições financeiras do autor da infração e da vantagem indevidamente auferida.

Art. 36. Os tipos penais previstos neste Capítulo terão vigência até o dia 31 de dezembro de 2014.

CAPÍTULO IX
Disposições Permanentes

Art. 37. É concedido aos jogadores, titulares ou reservas das seleções brasileiras campeãs das copas mundiais masculinas da FIFA nos anos de 1958, 1962 e 1970:   (Produção de efeito)

I - prêmio em dinheiro; e

II - auxílio especial mensal para jogadores sem recursos ou com recursos limitados.

Art. 38. O prêmio será pago, uma única vez, no valor fixo de R$ 100.000,00 (cem mil reais) ao jogador.   (Produção de efeito)

Art. 39. Na ocorrência de óbito do jogador, os sucessores previstos na lei civil, indicados em alvará judicial expedido a requerimento dos interessados, independentemente de inventário ou arrolamento, poder-se-ão habilitar para receber os valores proporcionais a sua cota-parte.   (Produção de efeito)

Art. 40. Compete ao Ministério do Esporte proceder ao pagamento do prêmio.   (Produção de efeito)

Art. 41. O prêmio de que trata esta Lei não é sujeito ao pagamento de Imposto de Renda ou contribuição previdenciária.   (Produção de efeito)

Art. 42. O auxílio especial mensal será pago para completar a renda mensal do beneficiário até que seja atingido o valor máximo do salário de benefício do Regime Geral de Previdência Social.   (Produção de efeito)

Parágrafo único. Para fins do disposto no caput, considera-se renda mensal 1/12 (um doze avos) do valor total de rendimentos tributáveis, sujeitos a tributação exclusiva ou definitiva, não tributáveis e isentos informados na respectiva Declaração de

Ajuste Anual do Imposto sobre a Renda da Pessoa Física.

Art. 43. O auxílio especial mensal também será pago à esposa ou companheira e aos filhos menores de 21 (vinte um) anos ou inválidos do beneficiário falecido, desde que a invalidez seja anterior à data em que completaram 21 (vinte um) anos.   (Produção de efeito)

§ 1º Havendo mais de um beneficiário, o valor limite de auxílio per capita será o constante do art. 42 desta Lei, dividido pelo número de beneficiários, efetivos, ou apenas potenciais devido à renda, considerando-se a renda do núcleo familiar para cumprimento do limite de que trata o citado artigo.

§ 2º Não será revertida aos demais a parte do dependente cujo direito ao auxílio cessar.

Art. 44. Compete ao Instituto Nacional do Seguro Social (INSS) administrar os requerimentos e os pagamentos do auxílio especial mensal.   (Produção de efeito)

Parágrafo único. Compete ao Ministério do Esporte informar ao INSS a relação de jogadores de que trata o art. 37 desta Lei.

Art. 45. O pagamento do auxílio especial mensal retroagirá à data em que, atendidos os requisitos, tenha sido protocolado requerimento no INSS.   (Produção de efeito)

Art. 46. O auxílio especial mensal sujeita-se à incidência de Imposto sobre a Renda, nos termos da legislação específica, mas não é sujeito ao pagamento de contribuição previdenciária.   (Produção de efeito)

Art. 47. As despesas decorrentes desta Lei correrão à conta do Tesouro Nacional.   (Produção de efeito)

Parágrafo único. O custeio dos benefícios definidos no art. 37 desta Lei e das respectivas despesas constarão de programação orçamentária específica do Ministério do Esporte, no tocante ao prêmio, e do Ministério da Previdência Social, no tocante ao auxílio especial mensal.

Art. 48. (VETADO).

Art. 49. (VETADO).

Art. 50. O art. 13-A da Lei no 10.671, de 15 de maio de 2003, passa a vigorar acrescido do seguinte inciso X:

X - não utilizar bandeiras, inclusive com mastro de bambu ou similares, para outros fins que não o da manifestação festiva e amigável."

CAPÍTULO X
Disposições Finais

Art. 51. A União será obrigatoriamente intimada nas causas demandadas contra a FIFA, as Subsidiárias FIFA no Brasil, seus representantes legais, empregados ou consultores, cujo objeto verse sobre as hipóteses estabelecidas nos arts. 22 e 23, para que informe se possui interesse de integrar a lide.

Art. 52. As controvérsias entre a União e a FIFA, Subsidiárias FIFA no Brasil, seus representantes legais, empregados ou consultores, cujo objeto verse sobre os Eventos, poderão ser resolvidas pela Advocacia-Geral da União, em sede administrativa, mediante conciliação, se conveniente à União e às demais pessoas referidas neste artigo.

Parágrafo único. A validade de Termo de Conciliação que envolver o pagamento de indenização será condicionada:

I - à sua homologação pelo Advogado-Geral da União; e

II - à sua divulgação, previamente à homologação, mediante publicação no Diário Oficial da União e a manutenção de seu inteiro teor, por prazo mínimo de 5 (cinco) dias úteis, na página da Advocacia-Geral da União na internet.

Art. 53. A FIFA, as Subsidiárias FIFA no Brasil, seus representantes legais, consultores e empregados são isentos do adiantamento de custas, emolumentos, caução, honorários periciais e quaisquer outras despesas devidas aos órgãos da Justiça Federal, da Justiça do Trabalho, da Justiça Militar da União, da Justiça Eleitoral e da Justiça do Distrito Federal e Territórios, em qualquer instância, e aos tribunais superiores, assim como não serão condenados em custas e despesas processuais, salvo comprovada má-fé.

Art. 54. A União colaborará com o Distrito Federal, com os Estados e com os Municípios que sediarão as Competições, e com as demais autoridades competentes, para assegurar que, durante os Períodos de Competição, os Locais Oficiais de Competição, em especial os estádios, onde sejam realizados os Eventos, estejam disponíveis, inclusive quanto ao uso de seus assentos, para uso exclusivo da FIFA.

Art. 55. A União, observadas a Lei Complementar no 101, de 4 de maio de 2000, e as responsabilidades definidas em instrumento próprio, promoverá a disponibilização para a realização dos Eventos, sem qualquer custo para o seu Comitê Organizador, de serviços de sua competência relacionados, entre outros, a:

I - segurança;

II - saúde e serviços médicos;

III - vigilância sanitária; e

IV - alfândega e imigração

§ 1º-Observada a disposição do caput, a União, por meio da administração pública federal direta ou indireta, poderá disponibilizar, através de instrumento próprio, os serviços de telecomunicação necessários para a realização dos Eventos.   (Incluído pela Medida Provisória nº 600, de 2012)

§ 2º-É dispensável a licitação para a contratação, pela administração pública federal direta ou indireta, da TELEBRÁS ou de empresa por ela controlada, para realizar os serviços previstos no § 1º.   (Incluído pela Medida Provisória nº 600, de 2012)

Art. 56. Durante a Copa do Mundo FIFA 2014 de Futebol, a União poderá declarar feriados nacionais os dias em que houver jogo da Seleção Brasileira de Futebol.

Parágrafo único. Os Estados, o Distrito Federal e os Municípios que sediarão os Eventos poderão declarar feriado ou ponto facultativo os dias de sua ocorrência em seu território.

Art. 57. O serviço voluntário que vier a ser prestado por pessoa física para auxiliar a FIFA, a Subsidiária FIFA no Brasil ou o COL na organização e realização dos Eventos constituirá atividade não remunerada e atenderá ao disposto neste artigo.

§ 1º O serviço voluntário referido no caput:

I - não gera vínculo empregatício, nem obrigação de natureza trabalhista, previdenciária ou afim para o tomador do serviço voluntário; e

II - será exercido mediante a celebração de termo de adesão entre a entidade contratante e o voluntário, dele devendo constar o objeto e as condições de seu exercício.

§ 2º A concessão de meios para a prestação do serviço voluntário, a exemplo de transporte, alimentação e uniformes, não descaracteriza a gratuidade do serviço voluntário.

§ 3º O prestador do serviço voluntário poderá ser ressarcido pelas despesas que comprovadamente realizar no desempenho das atividades voluntárias, desde que expressamente autorizadas pela entidade a que for prestado o serviço voluntário.

Art. 58. O serviço voluntário que vier a ser prestado por pessoa física a entidade pública de qualquer natureza ou instituição privada de fins não lucrativos, para os fins de que trata esta Lei, observará o disposto na Lei nº 9.608, de 18 de fevereiro de 1998.

Art. 59. (VETADO).

Art. 60. (VETADO).

Art. 61. Durante a realização dos Eventos, respeitadas as peculiaridades e condicionantes das operações militares, fica autorizado o uso de Aeródromos Militares para embarque e desembarque de passageiros e cargas, trânsito e estacionamento de aeronaves civis, ouvidos o Ministério da Defesa e demais órgãos do setor aéreo brasileiro, mediante Termo de Cooperação próprio, que deverá prever recursos para o custeio das operações aludidas.

Art. 62. As autoridades aeronáuticas deverão estimular a utilização dos aeroportos nas cidades limítrofes dos Municípios que sediarão os Eventos.

Parágrafo único. Aplica-se o disposto no art. 22 da Lei no 6.815, de 19 de agosto de 1980, à entrada de estrangeiro no território nacional fazendo uso de Aeródromos Militares.

Art. 63. Os procedimentos previstos para a emissão de vistos de entrada estabelecidos nesta Lei serão também adotados para a organização da Jornada Mundial da Juventude - 2013, conforme regulamentado por meio de ato do Poder Executivo.

Parágrafo único. As disposições sobre a prestação de serviço voluntário constante do art. 57 também poderão ser adotadas para a organização da Jornada Mundial da Juventude - 2013.

Art. 64. Em 2014, os sistemas de ensino deverão ajustar os calendários escolares de forma que as férias escolares decorrentes do encerramento das atividades letivas do primeiro semestre do ano, nos estabelecimentos de ensino das redes pública e privada, abranjam todo o período entre a abertura e o encerramento da Copa do Mundo FIFA 2014 de Futebol.

Art. 65. Será concedido Selo de Sustentabilidade pelo Ministério do Meio Ambiente às empresas e entidades fornecedoras dos Eventos que apresentem programa de sustentabilidade com ações de natureza econômica, social e ambiental, conforme normas e critérios por ele estabelecidos.

Art. 66. Aplicam-se subsidiariamente as disposições das Leis nos 9.279, de 14 de maio de 1996, 9.609, de 19 de fevereiro de 1998, e 9.610, de 19 de fevereiro de 1998.

Art. 67. Aplicam-se subsidiariamente às Competições, no que couber e exclusivamente em relação às pessoas jurídicas ou naturais brasileiras, exceto às subsidiárias FIFA no Brasil e ao COL, as disposições da Lei nº 9.615, de 24 de março de 1998.

Art. 68. Aplicam-se a essas Competições, no que couberem, as disposições da Lei no 10.671, de 15 de maio de 2003.

§ 1º Excetua-se da aplicação supletiva constante do caput deste artigo o disposto nos arts. 13-A a 17, 19 a 22, 24 e 27, no § 2º do art. 28, nos arts. 31-A, 32 e 37 e nas disposições constantes dos Capítulos II, III, VIII, IX e X da referida Lei.

§ 2º Para fins da realização das Competições, a aplicação do disposto nos arts. 2º-A, 39-A e 39-B da Lei nº 10.671, de 15 de maio de 2003, fica restrita às pessoas jurídicas de direito privado ou existentes de fato, constituídas ou sediadas no Brasil.

Art. 69. Aplicam-se, no que couber, às Subsidiárias FIFA no Brasil e ao COL, as disposições relativas à FIFA previstas nesta Lei.

Art. 70. A prestação dos serviços de segurança privada nos Eventos obedecerá à legislação pertinente e às orientações normativas da Polícia Federal quanto à autorização de funcionamento das empresas contratadas e à capacitação dos seus profissionais.

Art. 71. Esta Lei entra em vigor na data de sua publicação.

Parágrafo único. As disposições constantes dos arts. 37 a 47 desta Lei somente produzirão efeitos a partir de 1º de janeiro de 2013.

Brasília, 5 de junho de 2012; 191º da Independência e 124º da República.

Dilma Rousseff
José Eduardo Cardozo
Antonio de Aguiar Patriota
Guido Mantega
Carlos Daudt Brizola
Fernando Damata Pimentel
Miriam Belchior
Paulo Bernardo Silva
Aldo Rebelo
Anna Maria Buarque de Hollanda
Luis Inácio Lucena Adams

16. Direito Penal

16.1. Conceito de crime

- Segundo o conceito formal, violação culpável da lei penal; delito.
- Segundo o conceito substancial, ofensa de um bem jurídico tutelado pela lei penal.
- Segundo o conceito analítico, fato típico, antijurídico e culpável.
- Qualquer ato que suscite a reação organizada da sociedade.
- Ato digno de repreensão ou castigo.
- Ato condenável, de consequências funestas ou desagradáveis.

16.2. Lei nº 7.209, de 11 de Julho de 1984.

TÍTULO II
Do crime

Art. 14 - Diz-se o crime: (Redação dada pela Lei nº 7.209, de 11.7.1984)

Crime consumado (Incluído pela Lei nº 7.209, de 11.7.1984)

I - consumado, quando nele se reúnem todos os elementos de sua definição legal; (Incluído pela Lei nº 7.209, de 11.7.1984)

Tentativa (Incluído pela Lei nº 7.209, de 11.7.1984)

II - tentado, quando, iniciada a execução, não se consuma por circunstâncias alheias à vontade do agente. (Incluído pela Lei nº 7.209, de 11.7.1984)

Pena de tentativa (Incluído pela Lei nº 7.209, de 11.7.1984)

Parágrafo único - Salvo disposição em contrário, pune-se a tentativa com a pena correspondente ao crime consumado, diminuída de um a dois terços.(Incluído pela Lei nº 7.209, de 11.7.1984)

Art. 18 - Diz-se o crime: (Redação dada pela Lei nº 7.209, de 11.7.1984)

Crime doloso (Incluído pela Lei nº 7.209, de 11.7.1984)

I - doloso, quando o agente quis o resultado ou assumiu o risco de produzi-lo;(Incluído pela Lei nº 7.209, de 11.7.1984)

Crime culposo (Incluído pela Lei nº 7.209, de 11.7.1984)

II - culposo, quando o agente deu causa ao resultado por imprudência, negligência ou imperícia. (Incluído pela Lei nº 7.209, de 11.7.1984)

Parágrafo único - Salvo os casos expressos em lei, ninguém pode ser punido por fato previsto como crime, senão quando o pratica dolosamente. (Incluído pela Lei nº 7.209, de 11.7.1984)

Agravação pelo resultado (Redação dada pela Lei nº 7.209, de 11.7.1984)

Art. 19 - Pelo resultado que agrava especialmente a pena, só responde o agente que o houver causado ao menos culposamente. (Redação dada pela Lei nº 7.209, de 11.7.1984)

Erro sobre a ilicitude do fato (Redação dada pela Lei nº 7.209, de 11.7.1984)

Art. 21 - O desconhecimento da lei é inescusável. O erro sobre a ilicitude do fato, se inevitável, isenta de pena; se evitável, poderá diminuí-la de um sexto a um terço. (Redação dada pela Lei nº 7.209, de 11.7.1984)

Parágrafo único - Considera-se evitável o erro se o agente atua ou se omite sem a consciência da ilicitude do fato, quando lhe era possível, nas circunstâncias, ter ou atingir essa consciência. (Redação dada pela Lei nº 7.209, de 11.7.1984)

Coação irresistível e obediência hierárquica (Redação dada pela Lei nº 7.209, de 11.7.1984)

Art. 22 - Se o fato é cometido sob coação irresistível ou em estrita obediência a ordem, não manifestamente ilegal, de superior hierárquico, só é punível o autor da coação ou da ordem. (Redação dada pela Lei nº 7.209, de 11.7.1984)

Exclusão de ilicitude (Redação dada pela Lei nº 7.209, de 11.7.1984)

Art. 23 - Não há crime quando o agente pratica o fato: (Redação dada pela Lei nº 7.209, de 11.7.1984)

I - em estado de necessidade; (Incluído pela Lei nº 7.209, de 11.7.1984)

II - em legítima defesa; (Incluído pela Lei nº 7.209, de 11.7.1984)

III - em estrito cumprimento de dever legal ou no exercício regular de direito. (Incluído pela Lei nº 7.209, de 11.7.1984)

Excesso punível (Incluído pela Lei nº 7.209, de 11.7.1984)

Parágrafo único - O agente, em qualquer das hipóteses deste artigo, responderá pelo excesso doloso ou culposo. (Incluído pela Lei nº 7.209, de 11.7.1984)

Estado de necessidade

Art. 24 - Considera-se em estado de necessidade quem pratica o fato para salvar de perigo atual, que não provocou por sua vontade, nem podia de outro modo evitar, direito próprio ou alheio, cujo sacrifício, nas circunstâncias, não era razoável exigir-se. (Redação dada pela Lei nº 7.209, de 11.7.1984)

§ 1º - Não pode alegar estado de necessidade quem tinha o dever legal de enfrentar o perigo. (Redação dada pela Lei nº 7.209, de 11.7.1984)

§ 2º - Embora seja razoável exigir-se o sacrifício do direito ameaçado, a pena poderá ser reduzida de um a dois terços. (Redação dada pela Lei nº 7.209, de 11.7.1984)

Legítima defesa

Art. 25 - Entende-se em legítima defesa quem, usando moderadamente dos meios necessários, repele injusta agressão, atual ou iminente, a direito seu ou de outrem. (Redação dada pela Lei nº 7.209, de 11.7.1984)

TÍTULO III
Da Imputabilidade Penal

Inimputáveis

Art. 26 - É isento de pena o agente que, por doença mental ou desenvolvimento mental incompleto ou retardado, era, ao tempo da ação ou da omissão, inteiramente incapaz de entender o caráter ilícito do fato ou de determinar-se de acordo com esse entendimento. (Redação dada pela Lei nº 7.209, de 11.7.1984)

Redução de pena

Parágrafo único - A pena pode ser reduzida de um a dois terços, se o agente, em virtude de perturbação de saúde mental ou por desenvolvimento mental incompleto ou retardado não era inteiramente capaz de entender o caráter ilícito do fato ou de determinar-se de acordo com esse entendimento. (Redação dada pela Lei nº 7.209, de 11.7.1984)

Menores de dezoito anos

Art. 27 - Os menores de 18 (dezoito) anos são penalmente inimputáveis, ficando sujeitos às normas estabelecidas na legislação especial. (Redação dada pela Lei nº 7.209, de 11.7.1984)

Emoção e paixão

Art. 28 - Não excluem a imputabilidade penal: (Redação dada pela Lei nº 7.209, de 11.7.1984)

I - a emoção ou a paixão; (Redação dada pela Lei nº 7.209, de 11.7.1984)

Embriaguez

II - a embriaguez, voluntária ou culposa, pelo álcool ou substância de efeitos análogos. (Redação dada pela Lei nº 7.209, de 11.7.1984)

§ 1º - É isento de pena o agente que, por embriaguez completa, proveniente de caso fortuito ou força maior, era, ao tempo da ação ou da omissão, inteiramente incapaz de entender o caráter ilícito do fato ou de determinar-se de acordo com esse entendimento. (Redação dada pela Lei nº 7.209, de 11.7.1984)

§ 2º - A pena pode ser reduzida de um a dois terços, se o agente, por embriaguez, proveniente de caso fortuito ou força maior, não possuía, ao tempo da ação ou da omissão, a plena capacidade de entender o caráter ilícito do fato ou de determinar-se de acordo com esse entendimento. (Redação dada pela Lei nº 7.209, de 11.7.1984)

PARTE ESPECIAL

TÍTULO I
Dos Crimes Contra a Pessoa

CAPÍTULO I
Dos Crimes Contra a Vida

Homicídio simples

Art 121. Matar alguém:

Pena - reclusão, de seis a vinte anos.

Caso de diminuição de pena

§ 1º Se o agente comete o crime impelido por motivo de relevante valor social ou moral, ou sob o domínio de violenta emoção, logo em seguida a injusta provocação da vítima, ou juiz pode reduzir a pena de um sexto a um terço.

Homicídio qualificado

§ 2º Se o homicídio é cometido:

I - mediante paga ou promessa de recompensa, ou por outro motivo torpe;

II - por motivo fútil;

III - com emprego de veneno, fogo, explosivo, asfixia, tortura ou outro meio insidioso ou cruel, ou de que possa resultar perigo comum;

IV - à traição, de emboscada, ou mediante dissimulação ou outro recurso que dificulte ou torne impossível a defesa do ofendido;

V - para assegurar a execução, a ocultação, a impunidade ou vantagem de outro crime:

Pena - reclusão, de doze a trinta anos.

Homicídio culposo

§ 3º Se o homicídio é culposo: (Vide Lei nº 4.611, de 1965)

Pena - detenção, de um a três anos.

Aumento de pena

§ 4º No homicídio culposo, a pena é aumentada de 1/3 (um terço), se o crime resulta de inobservância de regra técnica de profissão, arte ou ofício, ou se o agente deixa de prestar imediato socorro à vítima, não procura diminuir as conseqüências do seu ato, ou foge para evitar prisão em flagrante. Sendo doloso o homicídio, a pena é aumentada de 1/3 (um terço) se o crime é praticado contra pessoa menor de 14 (quatorze) ou maior de 60 (sessenta) anos. (Redação dada pela Lei nº 10.741, de 2003)

§ 5º - Na hipótese de homicídio culposo, o juiz poderá deixar de aplicar a pena, se as conseqüências da infração atingirem o próprio agente de forma tão grave que a sanção penal se torne desnecessária.   (Incluído pela Lei nº 6.416, de 24.5.1977)

§ 6º A pena é aumentada de 1/3 (um terço) até a metade se o crime for praticado por milícia privada, sob o pretexto de prestação de serviço de segurança, ou por grupo de extermínio.   (Incluído pela Lei nº 12.720, de 2012)

CAPÍTULO II
Das Lesões Corporais

Lesão corporal

Art. 129. Ofender a integridade corporal ou a saúde de outrem:

Pena - detenção, de três meses a um ano.

Lesão corporal de natureza grave

§ 1º Se resulta:

I - Incapacidade para as ocupações habituais, por mais de trinta dias;

II - perigo de vida;

III - debilidade permanente de membro, sentido ou função;

IV - aceleração de parto:

Pena - reclusão, de um a cinco anos.

§ 2º Se resulta:

I - Incapacidade permanente para o trabalho;

II - enfermidade incuravel;

III - perda ou inutilização do membro, sentido ou função;

IV - deformidade permanente;

V - aborto:

Pena - reclusão, de dois a oito anos.

Lesão corporal seguida de morte

§ 3º Se resulta morte e as circunstâncias evidenciam que o agente não quís o resultado, nem assumiu o risco de produzí-lo:

Pena - reclusão, de quatro a doze anos.

Diminuição de pena

§ 4º Se o agente comete o crime impelido por motivo de relevante valor social ou moral ou sob o domínio de violenta emoção, logo em seguida a injusta provocação da vítima, o juiz pode reduzir a pena de um sexto a um terço.

Substituição da pena

§ 5º O juiz, não sendo graves as lesões, pode ainda substituir a pena de detenção pela de multa, de duzentos mil réis a dois contos de réis:

I - se ocorre qualquer das hipóteses do parágrafo anterior;

II - se as lesões são recíprocas.

Lesão corporal culposa

§ 6º Se a lesão é culposa: (Vide Lei nº 4.611, de 1965)

Pena - detenção, de dois meses a um ano.

Aumento de pena

§ 7º Aumenta-se a pena de 1/3 (um terço) se ocorrer qualquer das hipóteses dos §§ 4º e 6º do art. 121 deste Código.   (Redação dada pela Lei nº 12.720, de 2012)

§ 8º - Aplica-se à lesão culposa o disposto no § 5º do art. 121.(Redação dada pela Lei nº 8.069, de 1990)

Violência Doméstica (Incluído pela Lei nº 10.886, de 2004)

§ 9º Se a lesão for praticada contra ascendente, descendente, irmão, cônjuge ou companheiro, ou com quem conviva ou tenha convivido, ou, ainda, prevalecendo-se o agente das relações domésticas, de coabitação ou de hospitalidade: (Redação dada pela Lei nº 11.340, de 2006)

Pena - detenção, de 3 (três) meses a 3 (três) anos. (Redação dada pela Lei nº 11.340, de 2006)

§ 10. Nos casos previstos nos §§ 1º a 3º deste artigo, se as circunstâncias são as indicadas no § 9º deste artigo, aumenta-se a pena em 1/3 (um terço). (Incluído pela Lei nº 10.886, de 2004)

§ 11. Na hipótese do § 9º deste artigo, a pena será aumentada de um terço se o crime for cometido contra pessoa portadora de deficiência. (Incluído pela Lei nº 11.340, de 2006)

CAPÍTULO VI
Dos Crimes Contra A Liberdade Individual

SEÇÃO I
Dos Crimes Contra A Liberdade Pessoal

Constrangimento ilegal

Art. 146 - Constranger alguém, mediante violência ou grave ameaça, ou depois de lhe haver reduzido, por qualquer outro meio, a capacidade de resistência, a não fazer o que a lei permite, ou a fazer o que ela não manda:

Pena - detenção, de três meses a um ano, ou multa.

Aumento de pena

§ 1º - As penas aplicam-se cumulativamente e em dobro, quando, para a execução do crime, se reúnem mais de três pessoas, ou há emprego de armas.

§ 2º - Além das penas cominadas, aplicam-se as correspondentes à violência.

§ 3º - Não se compreendem na disposição deste artigo:

I - a intervenção médica ou cirúrgica, sem o consentimento do paciente ou de seu representante legal, se justificada por iminente perigo de vida;

II - a coação exercida para impedir suicídio.

Ameaça

Art. 147 - Ameaçar alguém, por palavra, escrito ou gesto, ou qualquer outro meio simbólico, de causar-lhe mal injusto e grave:

Pena - detenção, de um a seis meses, ou multa.

Parágrafo único - Somente se procede mediante representação.

Seqüestro e cárcere privado

Art. 148 - Privar alguém de sua liberdade, mediante seqüestro ou cárcere privado: (Vide Lei nº 10.446, de 2002)

Pena - reclusão, de um a três anos.

§ 1º - A pena é de reclusão, de dois a cinco anos:

I - se a vítima é ascendente, descendente, cônjuge ou companheiro do agente ou maior de 60 (sessenta) anos; (Redação dada pela Lei nº 11.106, de 2005)

II - se o crime é praticado mediante internação da vítima em casa de saúde ou hospital;

III - se a privação da liberdade dura mais de 15 (quinze) dias.

IV - se o crime é praticado contra menor de 18 (dezoito) anos; (Incluído pela Lei nº 11.106, de 2005)

V - se o crime é praticado com fins libidinosos. (Incluído pela Lei nº 11.106, de 2005)

§ 2º - Se resulta à vítima, em razão de maus-tratos ou da natureza da detenção, grave sofrimento físico ou moral:

Pena - reclusão, de dois a oito anos.

TÍTULO II
Dos Crimes Contra O Patrimônio

CAPÍTULO I
Do Furto

Furto

Art. 155 - Subtrair, para si ou para outrem, coisa alheia móvel:

Pena - reclusão, de um a quatro anos, e multa.

§ 1º - A pena aumenta-se de um terço, se o crime é praticado durante o repouso noturno.

§ 2º - Se o criminoso é primário, e é de pequeno valor a coisa furtada, o juiz pode substituir a pena de reclusão pela de detenção, diminuí-la de um a dois terços, ou aplicar somente a pena de multa.

§ 3º - Equipara-se à coisa móvel a energia elétrica ou qualquer outra que tenha valor econômico.

Furto qualificado

§ 4º - A pena é de reclusão de dois a oito anos, e multa, se o crime é cometido:

I - com destruição ou rompimento de obstáculo à subtração da coisa;

II - com abuso de confiança, ou mediante fraude, escalada ou destreza;

III - com emprego de chave falsa;

IV - mediante concurso de duas ou mais pessoas.

§ 5º - A pena é de reclusão de 3 (três) a 8 (oito) anos, se a subtração for de veículo automotor que venha a ser transportado para outro Estado ou para o exterior. (Incluído pela Lei nº 9.426, de 1996)

CAPÍTULO II
Do Roubo E Da Extorsão

Roubo

Art. 157 - Subtrair coisa móvel alheia, para si ou para outrem, mediante grave ameaça ou violência a pessoa, ou depois de havê-la, por qualquer meio, reduzido à impossibilidade de resistência:

Pena - reclusão, de quatro a dez anos, e multa.

§ 1º - Na mesma pena incorre quem, logo depois de subtraída a coisa, emprega violência contra pessoa ou grave ameaça, a fim de assegurar a impunidade do crime ou a detenção da coisa para si ou para terceiro.

§ 2º - A pena aumenta-se de um terço até metade:

I - se a violência ou ameaça é exercida com emprego de arma;

II - se há o concurso de duas ou mais pessoas;

III - se a vítima está em serviço de transporte de valores e o agente conhece tal circunstância.

IV - se a subtração for de veículo automotor que venha a ser transportado para outro Estado ou para o exterior; (Incluído pela Lei nº 9.426, de 1996)

V - se o agente mantém a vítima em seu poder, restringindo sua liberdade. (Incluído pela Lei nº 9.426, de 1996)

§ 3º Se da violência resulta lesão corporal grave, a pena é de reclusão, de sete a quinze anos, além da multa; se resulta morte, a reclusão é de vinte a trinta anos, sem prejuízo da multa. (Redação dada pela Lei nº 9.426, de 1996) Vide Lei nº 8.072, de 25.7.90

CAPÍTULO IV
Do Dano

Dano

Art. 163 - Destruir, inutilizar ou deteriorar coisa alheia:

Pena - detenção, de um a seis meses, ou multa.

Dano qualificado

Parágrafo único - Se o crime é cometido:

I - com violência à pessoa ou grave ameaça;

II - com emprego de substância inflamável ou explosiva, se o fato não constitui crime mais grave

III - contra o patrimônio da União, Estado, Município, empresa concessionária de serviços públicos ou sociedade de economia mista; (Redação dada pela Lei nº 5.346, de 3.11.1967)

IV - por motivo egoístico ou com prejuízo considerável para a vítima:

Pena - detenção, de seis meses a três anos, e multa, além da pena correspondente à violência.

CAPÍTULO V
Da Apropriação Indébita

Apropriação indébita

Art. 168 - Apropriar-se de coisa alheia móvel, de que tem a posse ou a detenção:

Pena - reclusão, de um a quatro anos, e multa.

Aumento de pena

§ 1º - A pena é aumentada de um terço, quando o agente recebeu a coisa:

I - em depósito necessário;

II - na qualidade de tutor, curador, síndico, liquidatário, inventariante, testamenteiro ou depositário judicial;

III - em razão de ofício, emprego ou profissão.

Apropriação indébita previdenciária (Incluído pela Lei nº 9.983, de 2000)

Art. 168-A. Deixar de repassar à previdência social as contribuições recolhidas dos contribuintes, no prazo e forma legal ou convencional: (Incluído pela Lei nº 9.983, de 2000)

Pena - reclusão, de 2 (dois) a 5 (cinco) anos, e multa. (Incluído pela Lei nº 9.983, de 2000)

§ 1º Nas mesmas penas incorre quem deixar de: (Incluído pela Lei nº 9.983, de 2000)

I - recolher, no prazo legal, contribuição ou outra importância destinada à previdência social que tenha sido descontada de pagamento efetuado a segurados, a terceiros ou arrecadada do público; (Incluído pela Lei nº 9.983, de 2000)

II - recolher contribuições devidas à previdência social que tenham integrado despesas contábeis ou custos relativos à venda de produtos ou à prestação de serviços; (Incluído pela Lei nº 9.983, de 2000)

III - pagar benefício devido a segurado, quando as respectivas cotas ou valores já tiverem sido reembolsados à empresa pela previdência social. (Incluído pela Lei nº 9.983, de 2000)

§ 2º É extinta a punibilidade se o agente, espontaneamente, declara, confessa e efetua o pagamento das contribuições, importâncias ou valores e presta as informações devidas à previdência social, na forma definida em lei ou regulamento, antes do início da ação fiscal. (Incluído pela Lei nº 9.983, de 2000)

§ 3º É facultado ao juiz deixar de aplicar a pena ou aplicar somente a de multa se o agente for primário e de bons antecedentes, desde que: (Incluído pela Lei nº 9.983, de 2000)

I - tenha promovido, após o início da ação fiscal e antes de oferecida a denúncia, o pagamento da contribuição social previdenciária, inclusive acessórios; ou (Incluído pela Lei nº 9.983, de 2000)

II - o valor das contribuições devidas, inclusive acessórios, seja igual ou inferior àquele estabelecido pela previdência social, administrativamente, como sendo o mínimo para o ajuizamento de suas execuções fiscais. (Incluído pela Lei nº 9.983, de 2000)

CAPÍTULO VI
Do Estelionato E Outras Fraudes

Estelionato

Art. 171 - Obter, para si ou para outrem, vantagem ilícita, em prejuízo alheio, induzindo ou mantendo alguém em erro, mediante artifício, ardil, ou qualquer outro meio fraudulento:

Pena - reclusão, de um a cinco anos, e multa, de quinhentos mil réis a dez contos de réis.

§ 1º - Se o criminoso é primário, e é de pequeno valor o prejuízo, o juiz pode aplicar a pena conforme o disposto no art. 155, § 2º.

§ 2º - Nas mesmas penas incorre quem:

Disposição de coisa alheia como própria

I - vende, permuta, dá em pagamento, em locação ou em garantia coisa alheia como própria;

Alienação ou oneração fraudulenta de coisa própria

II - vende, permuta, dá em pagamento ou em garantia coisa própria inalienável, gravada de ônus ou litigiosa, ou imóvel que prometeu vender a terceiro, mediante pagamento em prestações, silenciando sobre qualquer dessas circunstâncias;

Defraudação de penhor

III - defrauda, mediante alienação não consentida pelo credor ou por outro modo, a garantia pignoratícia, quando tem a posse do objeto empenhado;

Fraude na entrega de coisa

IV - defrauda substância, qualidade ou quantidade de coisa que deve entregar a alguém;

Fraude para recebimento de indenização ou valor de seguro

V - destrói, total ou parcialmente, ou oculta coisa própria, ou lesa o próprio corpo ou a saúde, ou agrava as consequências da lesão ou doença, com o intuito de haver indenização ou valor de seguro;

Fraude no pagamento por meio de cheque

VI - emite cheque, sem suficiente provisão de fundos em poder do sacado, ou lhe frustra o pagamento.

§ 3º - A pena aumenta-se de um terço, se o crime é cometido em detrimento de entidade de direito público ou de instituto de economia popular, assistência social ou beneficência.

CAPÍTULO VII
Da Receptação

Receptação

Art. 180 - Adquirir, receber, transportar, conduzir ou ocultar, em proveito próprio ou alheio, coisa que sabe ser produto de crime, ou influir para que terceiro, de boa-fé, a adquira, receba ou oculte: (Redação dada pela Lei nº 9.426, de 1996)

Pena - reclusão, de um a quatro anos, e multa. (Redação dada pela Lei nº 9.426, de 1996)

Receptação qualificada(Redação dada pela Lei nº 9.426, de 1996)

§ 1º - Adquirir, receber, transportar, conduzir, ocultar, ter em depósito, desmontar, montar, remontar, vender, expor à venda, ou de qualquer forma utilizar, em proveito próprio ou alheio, no exercício de atividade comercial ou industrial, coisa que deve saber ser produto de crime: (Redação dada pela Lei nº 9.426, de 1996)

Pena - reclusão, de três a oito anos, e multa. (Redação dada pela Lei nº 9.426, de 1996)

§ 2º - Equipara-se à atividade comercial, para efeito do parágrafo anterior, qualquer forma de comércio irregular ou clandestino, inclusive o exercício em residência. (Redação dada pela Lei nº 9.426, de 1996)

§ 3º - Adquirir ou receber coisa que, por sua natureza ou pela desproporção entre o valor e o preço, ou pela condição de quem a oferece, deve presumir-se obtida por meio criminoso: (Redação dada pela Lei nº 9.426, de 1996)

Pena - detenção, de um mês a um ano, ou multa, ou ambas as penas. (Redação dada pela Lei nº 9.426, de 1996)

§ 4º - A receptação é punível, ainda que desconhecido ou isento de pena o autor do crime de que proveio a coisa. (Redação dada pela Lei nº 9.426, de 1996)

§ 5º - Na hipótese do § 3º, se o criminoso é primário, pode o juiz, tendo em consideração as circunstâncias, deixar de aplicar a pena. Na receptação dolosa aplica-se o disposto no § 2º do art. 155. (Incluído pela Lei nº 9.426, de 1996)

§ 6º - Tratando-se de bens e instalações do patrimônio da União, Estado, Município, empresa concessionária de serviços públicos ou sociedade de economia mista, a pena prevista no caput deste artigo aplica-se em dobro. (Incluído pela Lei nº 9.426, de 1996)

TÍTULO VIII
Dos Crimes Contra A Incolumidade Pública

CAPÍTULO I
Dos Crimes De Perigo Comum

Incêndio

Art. 250 - Causar incêndio, expondo a perigo a vida, a integridade física ou o patrimônio de outrem:

Pena - reclusão, de três a seis anos, e multa.

Aumento de pena

§ 1º - As penas aumentam-se de um terço:

I - se o crime é cometido com intuito de obter vantagem pecuniária em proveito próprio ou alheio;

II - se o incêndio é:

a) em casa habitada ou destinada a habitação;

b) em edifício público ou destinado a uso público ou a obra de assistência social ou de cultura;

c) em embarcação, aeronave, comboio ou veículo de transporte coletivo;

d) em estação ferroviária ou aeródromo;

e) em estaleiro, fábrica ou oficina;

f) em depósito de explosivo, combustível ou inflamável;

g) em poço petrolífico ou galeria de mineração;

h) em lavoura, pastagem, mata ou floresta.

Incêndio culposo

§ 2º - Se culposo o incêndio, é pena de detenção, de 6 (seis) meses a 2 (dois) anos.

TÍTULO IX
Dos Crimes Contra A Paz Pública

Quadrilha ou bando

Art. 288 - Associarem-se mais de três pessoas, em quadrilha ou bando, para o fim de cometer crimes:

Pena - reclusão, de um a três anos. (Vide Lei 8.072, de 25.7.1990)

Parágrafo único - A pena aplica-se em dobro, se a quadrilha ou bando é armado.

Constituição de milícia privada   (Incluído dada pela Lei nº 12.720, de 2012)

Art. 288-A. Constituir, organizar, integrar, manter ou custear organização paramilitar, milícia particular, grupo ou esquadrão com a finalidade de praticar qualquer dos crimes previstos neste Código: (Incluído dada pela Lei nº 12.720, de 2012)

Pena - reclusão, de 4 (quatro) a 8 (oito) anos.   (Incluído dada pela Lei nº 12.720, de 2012)

CAPÍTULO II
Dos Crimes Praticados por Particular Contra a Administração em Geral

Art. 329 - Opor-se à execução de ato legal, mediante violência ou ameaça a funcionário competente para executá-lo ou a quem lhe esteja prestando auxílio:

Pena - detenção, de dois meses a dois anos.

§ 1º - Se o ato, em razão da resistência, não se executa:

Pena - reclusão, de um a três anos.

§ 2º - As penas deste artigo são aplicáveis sem prejuízo das correspondentes à violência.

Desobediência

Art. 330 - Desobedecer a ordem legal de funcionário público:

Pena - detenção, de quinze dias a seis meses, e multa.

Desacato

Art. 331 - Desacatar funcionário público no exercício da função ou em razão dela:

Pena - detenção, de seis meses a dois anos, ou multa.

Corrupção ativa

Art. 333 - Oferecer ou prometer vantagem indevida a funcionário público, para determiná-lo a praticar, omitir ou retardar ato de ofício:

Pena - reclusão, de 2 (dois) a 12 (doze) anos, e multa. (Redação dada pela Lei nº 10.763, de 12.11.2003)

Parágrafo único - A pena é aumentada de um terço, se, em razão da vantagem ou promessa, o funcionário retarda ou omite ato de ofício, ou o pratica infringindo dever funcional.

17. Direito Processual Penal

Decreto-Lei Nº 3.689, de 3 de Outubro de 1941

TÍTULO II
Do Inquérito Policial

Art. 4º A polícia judiciária será exercida pelas autoridades policiais no território de suas respectivas circunscrições e terá por fim a apuração das infrações penais e da sua autoria. (Redação dada pela Lei nº 9.043, de 9.5.1995)

Parágrafo único. A competência definida neste artigo não excluirá a de autoridades administrativas, a quem por lei seja cometida a mesma função.

Art. 5º Nos crimes de ação pública o inquérito policial será iniciado:

I - de ofício;

II - mediante requisição da autoridade judiciária ou do Ministério Público, ou a requerimento do ofendido ou de quem tiver qualidade para representá-lo.

§ 1º O requerimento a que se refere o nº II conterá sempre que possível:

a) a narração do fato, com todas as circunstâncias;
b) a individualização do indiciado ou seus sinais característicos e as razões de convicção ou de presunção de ser ele o autor da infração, ou os motivos de impossibilidade de o fazer;
c) a nomeação das testemunhas, com indicação de sua profissão e residência.

§ 2º Do despacho que indeferir o requerimento de abertura de inquérito caberá recurso para o chefe de Polícia.

§ 3º Qualquer pessoa do povo que tiver conhecimento da existência de infração penal em que caiba ação pública poderá, verbalmente ou por escrito, comunicá-la à autoridade policial, e esta, verificada a procedência das informações, mandará instaurar inquérito.

§ 4º O inquérito, nos crimes em que a ação pública depender de representação, não poderá sem ela ser iniciado.

§ 5º Nos crimes de ação privada, a autoridade policial somente poderá proceder a inquérito a requerimento de quem tenha qualidade para intentá-la.

Art. 6º Logo que tiver conhecimento da prática da infração penal, a autoridade policial deverá:

I - dirigir-se ao local, providenciando para que não se alterem o estado e conservação das coisas, até a chegada dos peritos criminais; (Redação dada pela Lei nº 8.862, de 28.3.1994)   (Vide Lei nº 5.970, de 1973)

II - apreender os objetos que tiverem relação com o fato, após liberados pelos peritos criminais; (Redação dada pela Lei nº 8.862, de 28.3.1994)

III - colher todas as provas que servirem para o esclarecimento do fato e suas circunstâncias;

IV - ouvir o ofendido;

V - ouvir o indiciado, com observância, no que for aplicável, do disposto no Capítulo III do Título Vll, deste Livro, devendo o respectivo termo ser assinado por duas testemunhas que lhe tenham ouvido a leitura;

VI - proceder a reconhecimento de pessoas e coisas e a acareações;

VII - determinar, se for caso, que se proceda a exame de corpo de delito e a quaisquer outras perícias;

VIII - ordenar a identificação do indiciado pelo processo datiloscópico, se possível, e fazer juntar aos autos sua folha de antecedentes;

IX - averiguar a vida pregressa do indiciado, sob o ponto de vista individual, familiar e social, sua condição econômica, sua atitude e estado de ânimo antes e depois do crime e durante ele, e quaisquer outros elementos que contribuírem para a apreciação do seu temperamento e caráter.

Art. 7º Para verificar a possibilidade de haver a infração sido praticada de determinado modo, a autoridade policial poderá proceder à reprodução simulada dos fatos, desde que esta não contrarie a moralidade ou a ordem pública.

Art. 8º Havendo prisão em flagrante, será observado o disposto no Capítulo II do Título IX deste Livro.

Art. 9º Todas as peças do inquérito policial serão, num só processado, reduzidas a escrito ou datilografadas e, neste caso, rubricadas pela autoridade.

Art. 10. O inquérito deverá terminar no prazo de 10 dias, se o indiciado tiver sido preso em flagrante, ou estiver preso preventivamente, contado o prazo, nesta hipótese, a partir do dia em que se executar a ordem de prisão, ou no prazo de 30 dias, quando estiver solto, mediante fiança ou sem ela.

§ 1º A autoridade fará minucioso relatório do que tiver sido apurado e enviará autos ao juiz competente.

§ 2º No relatório poderá a autoridade indicar testemunhas que não tiverem sido inquiridas, mencionando o lugar onde possam ser encontradas.

§ 3º Quando o fato for de difícil elucidação, e o indiciado estiver solto, a autoridade poderá requerer ao juiz a devolução dos autos, para ulteriores diligências, que serão realizadas no prazo marcado pelo juiz.

Art. 11. Os instrumentos do crime, bem como os objetos que interessarem à prova, acompanharão os autos do inquérito.

Art. 12. O inquérito policial acompanhará a denúncia ou queixa, sempre que servir de base a uma ou outra.

Art. 13. Incumbirá ainda à autoridade policial:

I - fornecer às autoridades judiciárias as informações necessárias à instrução e julgamento dos processos;

II - realizar as diligências requisitadas pelo juiz ou pelo Ministério Público;

III - cumprir os mandados de prisão expedidos pelas autoridades judiciárias;

IV - representar acerca da prisão preventiva.

Art. 14. O ofendido, ou seu representante legal, e o indiciado poderão requerer qualquer diligência, que será realizada, ou não, a juízo da autoridade.

Art. 15. Se o indiciado for menor, ser-lhe-á nomeado curador pela autoridade policial.

Art. 16. O Ministério Público não poderá requerer a devolução do inquérito à autoridade policial, senão para novas diligências, imprescindíveis ao oferecimento da denúncia.

Art. 17. A autoridade policial não poderá mandar arquivar autos de inquérito.

Art. 18. Depois de ordenado o arquivamento do inquérito pela autoridade judiciária, por falta de base para a denúncia, a autoridade policial poderá proceder a novas pesquisas, se de outras provas tiver notícia.

Art. 19. Nos crimes em que não couber ação pública, os autos do inquérito serão remetidos ao juízo competente, onde aguardarão a iniciativa do ofendido ou de seu representante legal, ou serão entregues ao requerente, se o pedir, mediante traslado.

Art. 20. A autoridade assegurará no inquérito o sigilo necessário à elucidação do fato ou exigido pelo interesse da sociedade.

Parágrafo único. Nos atestados de antecedentes que lhe forem solicitados, a autoridade policial não poderá mencionar quaisquer anotações referentes a instauração de inquérito contra os requerentes. (Redação dada pela Lei nº 12.681, de 2012)

Art. 21. A incomunicabilidade do indiciado dependerá sempre de despacho nos autos e somente será permitida quando o interesse da sociedade ou a conveniência da investigação o exigir.

Parágrafo único. A incomunicabilidade, que não excederá de três dias, será decretada por despacho fundamentado do Juiz, a requerimento da autoridade policial, ou do órgão do Ministério Público, respeitado, em qualquer hipótese, o disposto no <u>artigo 89, inciso III, do Estatuto da Ordem dos Advogados do Brasil (Lei n. 4.215, de 27 de abril de 1963) (Redação dada pela Lei nº 5.010, de 30.5.1966)</u>

Art. 22. No Distrito Federal e nas comarcas em que houver mais de uma circunscrição policial, a autoridade com exercício em uma delas poderá, nos inquéritos a que esteja procedendo, ordenar diligências em circunscrição de outra, independentemente de precatórias ou requisições, e bem assim providenciará, até que compareça a autoridade competente, sobre qualquer fato que ocorra em sua presença, noutra circunscrição.

Art. 23. Ao fazer a remessa dos autos do inquérito ao juiz competente, a autoridade policial oficiará ao Instituto de Identificação e Estatística, ou repartição congênere, mencionando o juízo a que tiverem sido distribuídos, e os dados relativos à infração penal e à pessoa do indiciado.

CAPÍTULO II
Da Prisão em Flagrante

Art. 301. Qualquer do povo poderá e as autoridades policiais e seus agentes deverão prender quem quer que seja encontrado em flagrante delito.

Art. 302. Considera-se em flagrante delito quem:

I - está cometendo a infração penal;

II - acaba de cometê-la;

III - é perseguido, logo após, pela autoridade, pelo ofendido ou por qualquer pessoa, em situação que faça presumir ser autor da infração;

IV - é encontrado, logo depois, com instrumentos, armas, objetos ou papéis que façam presumir ser ele autor da infração.

Art. 303. Nas infrações permanentes, entende-se o agente em flagrante delito enquanto não cessar a permanência.

Art. 304. Apresentado o preso à autoridade competente, ouvirá esta o condutor e colherá, desde logo, sua assinatura, entregando a este cópia do termo e recibo de entrega do preso. Em seguida, procederá à oitiva das testemunhas que o acompanharem e ao interrogatório do acusado sobre a imputação que lhe é feita, colhendo, após cada oitiva suas respectivas assinaturas, lavrando, a autoridade, afinal, o auto. (Redação dada pela Lei nº 11.113, de 2005)

§ 1º Resultando das respostas fundada a suspeita contra o conduzido, a autoridade mandará recolhê-lo à prisão, exceto no caso de livrar-se solto ou de prestar fiança, e prosseguirá nos atos do inquérito ou processo, se para isso for competente; se não o for, enviará os autos à autoridade que o seja.

§ 2º A falta de testemunhas da infração não impedirá o auto de prisão em flagrante; mas, nesse caso, com o condutor, deverão assiná-lo pelo menos duas pessoas que hajam testemunhado a apresentação do preso à autoridade.

§ 3º Quando o acusado se recusar a assinar, não souber ou não puder fazê-lo, o auto de prisão em flagrante será assinado por duas testemunhas, que tenham ouvido sua leitura na presença deste. (Redação dada pela Lei nº 11.113, de 2005)

Art. 305. Na falta ou no impedimento do escrivão, qualquer pessoa designada pela autoridade lavrará o auto, depois de prestado o compromisso legal.

Art. 306. A prisão de qualquer pessoa e o local onde se encontre serão comunicados imediatamente ao juiz competente, ao Ministério Público e à família do preso ou à pessoa por ele indicada. (Redação dada pela Lei nº 12.403, de 2011).

§ 1º Em até 24 (vinte e quatro) horas após a realização da prisão, será encaminhado ao juiz competente o auto de prisão em flagrante e, caso o autuado não informe o nome de seu advogado, cópia integral para a Defensoria Pública. (Redação dada pela Lei nº 12.403, de 2011).

§ 2º No mesmo prazo, será entregue ao preso, mediante recibo, a nota de culpa, assinada pela autoridade, com o motivo da prisão, o nome do condutor e os das testemunhas. (Redação dada pela Lei nº 12.403, de 2011).

Art. 307. Quando o fato for praticado em presença da autoridade, ou contra esta, no exercício de suas funções, constarão do auto a narração deste fato, a voz de prisão, as declarações que fizer o preso e os depoimentos das testemunhas, sendo tudo assinado pela autoridade, pelo preso e pelas testemunhas e remetido imediatamente ao juiz a quem couber tomar conhecimento do fato delituoso, se não o for a autoridade que houver presidido o auto.

Art. 308. Não havendo autoridade no lugar em que se tiver efetuado a prisão, o preso será logo apresentado à do lugar mais próximo.

Art. 309. Se o réu se livrar solto, deverá ser posto em liberdade, depois de lavrado o auto de prisão em flagrante.

Art. 310. Ao receber o auto de prisão em flagrante, o juiz deverá fundamentadamente: (Redação dada pela Lei nº 12.403, de 2011).

I - relaxar a prisão ilegal; ou (Incluído pela Lei nº 12.403, de 2011).

II - converter a prisão em flagrante em preventiva, quando presentes os requisitos constantes do art. 312 deste Código, e se revelarem inadequadas ou insuficientes as medidas cautelares diversas da prisão; ou (Incluído pela Lei nº 12.403, de 2011).

III - conceder liberdade provisória, com ou sem fiança. (Incluído pela Lei nº 12.403, de 2011).

Parágrafo único. Se o juiz verificar, pelo auto de prisão em flagrante, que o agente praticou o fato nas condições constantes dos incisos I a III do caput do art. 23 do Decreto-Lei nº 2.848, de 7 de dezembro de 1940 - Código Penal, poderá, fundamentadamente, conceder ao acusado liberdade provisória, mediante termo de comparecimento a todos os atos processuais, sob pena de revogação. (Redação dada pela Lei nº 12.403, de 2011).

18. Direitos Humanos e Princípios Fundamentais

18.1. Evolução histórica

Segundo a Dra Dórian Esteves Ribas Marinho, os direitos traduzem com fidelidade o seu tempo. As inquietações daquele exato momento histórico são o resultado de um dado momento na evolução da mentalidade dos seres humanos, podendo, por vezes, parecer eventualmente absurdos, excessivamente dogmáticos, rígidos ou lúcidos e liberais, mas em seu permanente movimento, serão sempre a tradução mais autêntica de um povo.

Até a produção dos primeiros códigos, os governantes exerciam seu poder despoticamente, sem qualquer limitação, variando as suas decisões e mesmo alguns princípios e leis esparsas existentes, de acordo com a vontade e o humor do momento. Deste modo, os súditos não contavam com qualquer referência comportamental que lhes garantisse os direitos mais fundamentais. Nesse panorama, a obediência através do temor exigia ser absoluta, sem qualquer restrição ou hesitação.

A afirmação do direito se dá com sua projeção em todas as partes do mundo antigo, principalmente através da religião que facilitou sua identificação com os princípios morais estabelecidos, bem como sua assimilação e seguimento.

Desde que sentiram a necessidade da existência do direito, os homens começaram a converter em leis as necessidades sociais, deixando para trás a era da prevalência da força física.

A "Magna Carta" (Magna Charta Libertatum), firmada em 15 de junho de 1215, na localidade de Runnymede, condado de Surrey (Inglaterra), com 67 cláusulas que, pela primeira vez afrontavam o poder absoluto de um soberano, sendo que ao menos 12 delas beneficiavam diretamente o povo, embora não criassem nenhum direito novo. Entretanto, foram instituídas diversas normas de caráter pioneiro para a fundamentação dos Direitos Humanos.

A partir desse divisor de águas na relação de poder entre governantes e governados, que ensejaria a derrocada do Absolutismo, a burguesia européia, então emergente, assumiu posições cada vez mais exigentes para com seus dirigentes.

Cabe lembrar que o servo não podia até então sequer entrar ou sair do feudo, comprar ou vender qualquer coisa sem autorização de seu senhor, subtraído do poder exercer qualquer direito de manifestação.

O "Habeas Corpus Amendment Act", de 1679, regulamentava esse instituto jurídico de garantia pessoal anteriormente previsto na "Common Law".

Em 1689 surgiu a "Declaração de Direitos" (Bill of Ríghts), dotada de 13 artigos que cristalizavam e consolidavam os ideais políticos do povo inglês, expressando significativas restrições ao poder estatal, regulamentando o princípio da legalidade, criando o direito de petição, assim como imunidades parlamentares. Entretanto, restringia vigorosamente a liberdade religiosa.

Reafirmando o princípio da legalidade, o "Act of Seattlement", de 1701, estabelecia a responsabilização política dos agentes públicos, inclusive com a possibilidade de impeachment de magistrados.

A "Declaração de Virgínia", de 1776, proclamava, entre outros direitos, o direito à vida, à liberdade e à propriedade, prevendo o princípio da legalidade, o devido processo legal, o Tribunal de Júri, o princípio do juiz natural e imparcial, a liberdade religiosa e de imprensa, antecipando-se em pouco mais de um mês à "Declaração de Independência dos Estados Unidos da América", esta última redigida por Thomas Jefferson a partir de trabalho conjunto com Benjamin Franklin e John Adams, tendo como diapasão a limitação do poder estatal, sendo proclamada em reunião do Congresso de 4 de julho de 1776, ambas antecedendo em alguns anos a "Declaração dos Direitos do Homem e do Cidadão" editada na França.

Em 1787, a "Constituição dos Estados Unidos da América" e suas emendas limitavam o poder estatal na medida em que estabeleciam a separação dos poderes e consagrava diversos Direitos Humanos fundamentais, tais como: a liberdade religiosa, a inviolabilidade de domicílio, o devido processo legal, o julgamento pelo Tribunal do Júri, a ampla defesa, bem como a proibição da aplicação de penas cruéis ou aberrantes.

"A Constituição dos EUA aprovada na Convenção de Filadélfia, em 17/09/1787, não continha inicialmente uma declaração dos direitos fundamentais do homem".

O "Bill of Rights" americano, ou "Carta de Direitos", redigida pelo Congresso Americano em 1789, se constituiu em um resumo dos direitos fundamentais e privilégios garantidos ao povo contra violações praticadas pelo próprio Estado,

No final do século XVIII, se erigiu a famosa "Declaração dos Direitos do Homem e do Cidadão" votada definitivamente em 02 de outubro de 1789, ampliada pela Convenção Nacional em 1793, oferecendo, nesta última versão, entre outras disposições, que: "Todos os homens são iguais por natureza e perante a lei." e ainda, que "O fim da sociedade é a felicidade comum."

Dentre as mais importantes normas estabelecidas pela "Declaração dos Direitos do Homem e do Cidadão" em prol dos Direitos Humanos, destacam-se a garantia da igualdade, da liberdade, da propriedade, da segurança, da resistência á opressão, da liberdade de associação política, bem como o respeito ao princípio da legalidade, da reserva legal e anterioridade em matéria penal, da presunção de inocência, assim também a liberdade religiosa e a livre manifestação do pensamento.

A primeira fase de Internacionalização dos Direitos Humanos teve inicio na segunda metade do século XIX e findou com a Segunda Guerra Mundial, manifestando-se basicamente em três setores: o direito humanitário, a luta contra a escravidão e a regulação dos direitos do trabalhador assalariado.

No campo do chamado Direito Humanitário, que compreende o conjunto das leis e costumes de guerra, visando a minorar o sofrimento de soldados prisioneiros, doentes e feridos, bem como das populações civis atingidas por um conflito bélico, o primeiro documento normativo de caráter internacional foi a Convenção de Genebra de 1864, a partir da qual se fundou, em 1880, a Comissão Internacional da Cruz Vermelha.

Após a Primeira Guerra Mundial (1914-1918), sob a inspiração do Reino Unido, da França e dos Estados Unidos da América, foi firmado o "Tratado de Versalhes" (1919), onde se inseria a "Sociedade das Nações", com o intuito de estabelecer uma paz mundial duradoura, ideal que viria a fracassar temporariamente com a eclosão da segunda edição do conflito (1939-1945).

Com o final da Segunda Grande Guerra, os países vencedores e seus aliados decidiram apostar no mesmo ideal, e as nações mais importantes do mundo resolveram estabelecer um foro definitivo para a discussão de interesses comuns, através de uma organização capaz de promover, exigir e garantir a coexistência pacífica de seus membros através de uma paz duradoura, daí resultando a criação da "Organização das Nações Unidas - O.N.U.", englobando progressivamente uma significativa quantidade de Estados membros, até que, atualmente, conta com uma adesão praticamente universal.

Já em 1948 foi aprovada a "Declaração Universal dos Direitos Humanos", cujo texto integral original traduzido se encontra a seguir em anexo, se constituindo no elenco dos direitos fundamentais básicos que tem o ser humano como objeto da atenção e da proteção da comunidade internacional.

A Declaração Universal dos Direitos Humanos de 1948 e os princípios dela decorrentes são um texto de enorme importância histórica, principalmente para o ocidente, mas deve ser vista dentro do seu contexto histórico de vitória de um modelo que despontava sua supremacia universal após a segunda guerra mundial. Ao dispor sobre as questões sociais e econômicas especificas a Declaração se restringe a um contexto social, político e econômico especifico do pós-guerra, que deve ser superado, e como tal deve ser entendida.

O Brasil firmou sua adesão incondicional à "Declaração Universal dos Direitos Humanos" na mesma data de sua proclamação, assumindo integralmente os compromissos nela contidos.

Após a aprovação da "Declaração Universal dos Direitos Humanos", foram criados diversos outros mecanismos legais que se incorporaram ao universo de proteção aos Direitos Humanos, alguns deles firmados, inicialmente, por um Brasil recém egresso do Estado Novo, ainda maculado pelo arbítrio político e suas repercussões. Mais tarde, por representantes de governos eleitos democraticamente ou não e mesmo pela ditadura que se encastelou no poder por mais de duas décadas.

"Como já foi assinalado, a partir de 1985, com o fim do regime militar ocorreu expressiva mudança na atitude do governo brasileiro em relação aos Direitos Humanos",

A nova "Constituição Federal" emergiu identicamente num período de liberdades democráticas a pouco conquistadas, via de consequência, absorvendo com maior porosidade os princípios fundamentais consignados na "Declara**ção Universal dos Direi**tos Humanos".

Esses diplomas, que constituem a arquitetura internacional dos Direitos Humanos, abrigam uma contínua inclusão de direitos, e foram se aderindo como simples especificação daqueles direitos contemplados na "Declaração Universal dos Direitos Humanos", sendo mais importantes os seguintes, em ordem cronológica:

A "Convenção contra o Genocídio", de 1948,

A "Convenção para a Repressão do Tráfico de Pessoas e da Exploração da Prostituição por Outros" de 1949,

Em 1950 a "Convenção Européia de Defesa dos Direitos do Homem e das Liberdades Fundamentais" foi aprovada em Roma - Itália,

A "Convenção relativa ao Estatuto dos Refugiados", de 1951, e respectivo Protocolo, de 1966,

A "Convenção Complementar sobre Abolição da Escravidão" de 1956,

O "Pacto Internacional Relativo aos Direitos Econômicos, Sociais e Culturais" foi aprovado inicialmente em 16/12/1966, paralelamente ao "Pacto Internacional Relativo aos Direitos Civis e Políticos", que entrou em vigor somente em 03/01/1976, consagrando a célebre tese de que "os direitos sociais básicos são direitos humanos porque estão na ordem natural das coisas",

A "Convenção sobre a eliminação de todas as formas de Discriminação Racial", de 1965,

É Importante ressaltar ainda as "Regras Mínimas para o Tratamento de Presos" adotadas pelo "Primeiro Congresso das Nações Unidas sobre Preven**ção do Crime e Tratamento de** Criminosos" reunido em Genebra - Suíça (1955), aprovadas pelo "Conselho Econômico e Social" em 1957 e 1977,

A "Convenção sobre a Eliminação de todas as formas de Discriminação contra a Mulher", de 1979,

A "Convenção contra a Tortura e outros tratamentos ou penas cruéis, desumanas ou degradantes", de 1984,

A "Convenção sobre os Direitos da Criança", de 1989,

Identicamente se agregaram à "Convenção Americana sobre Direitos humanos" - Pacto de San José da Costa Rica, de 1969:

A "Convenção Interamericana para Prevenir e Punir a Tortura" (Cartagena - Colômbia) em 09.12.1985,

O "Protocolo de San Salvador" (17/11/1988), que contempla a proteção aos Direitos Humanos em matéria de direitos econômicos, sociais e culturais, dentre outras, o direito ao trabalho, os direitos sindicais, o direito à saúde e à previdência social, o direito a um meio ambiente saudável, o direito à alimentação e educação, o direito aos benefícios da cultura, o direito à constituição e proteção da família, o direito à proteção à infância e aos idosos, bem como aos portadores de deficiências físicas,

O "Protocolo Relativo à Abolição da Pena de Morte" (Assunção - Paraguai), de 08/06/1990,

A "Convenção Interamericana sobre Desaparecimento Forçado de Pessoas" (Belém, PA - Brasil), de 09/06/1994,

A "Convenção Interamericana para Prevenir, Punir e Erradicar a Violência Contra a Mulher" (Belém, PA - Brasil), de 09/06/1994.

Um dos órgãos mais importantes da "Organização dos Estados Americanos - O. E. A.", é a "Comissão Interamericana de Direitos Humanos", criada em 1959, e instalada em Washington - E.U.A., cuja principal função é promover o respeito e a defesa aos Direitos Humanos e servir como órgão consultivo da "O.E.A." nesses assuntos. No ano seguinte, foram eleitos seus sete membros, como ocorre até hoje, a título pessoal.

A "Corte Interamericana de Direitos Humanos", com sede em San José – Costa Rica, foi criada em 1972 na "Assembléia Geral da O.E.A", em La Paz - Bolívia, se constituindo em uma instituição judicial autônoma cujo objetivo é a aplicação e interpretação da "Convenção Americana sobre Direitos Humanos.

A "Constituição da República Federativa do Brasil", de 1988, também denominada "Constituição Cidadã", recepcionou as premissas alinhadas na "Declaração Universal dos Direitos Humanos" como nenhuma outra antes o fizera, abrindo caminho para a plena reafirmação dos Direitos Humanos e para novas conquistas sociais.

Passados mais de dez anos, o Governo Federal apresenta, em 1996, o "Plano Nacional de Direitos Humanos - PNDH", um ambicioso projeto com a finalidade de demonstrar a visão governamental acerca dos Direitos Humanos e das questões de afirmação da cidadania, estabelecendo diretrizes, apontando direções, definindo concepções e prioridades, conclamando e exigindo a participação dos Estados, dos Municípios e da sociedade civil nesse processo.

18.2. Direitos Fundamentais da Pessoa Humana

Dos direitos e garantias fundamentais.

Art. 5º, III, CF/88 – Ninguém será submetido à tortura nem a tratamento desumano ou degradante.

Lei nº 9.455/97 (Crimes de Tortura)

A tortura é prática covarde e criminosa e, por isso, deve ser veementemente combatida por todos. Nesse sentido, a Secretaria Especial dos Direitos Humanos, em parceria com organizações da sociedade, desencadeou verdadeira ofensiva contra a prática da tortura no país.

Art. 1º - Constitui Crime de Tortura:

I - Constranger alguém com emprego de violência ou grave ameaça, causando-lhe sofrimento físico ou mental:

Com o fim de obter informação, declaração ou confissão da vitima ou de terceira pessoa,
b) Para provocar ação ou omissão de natureza criminosa,

Em razão de discriminação racial ou religiosa,

II - Submeter alguém, sob sua guarda, poder ou autoridade, com emprego de violência ou grave ameaça, a intenso sofrimento físico ou mental, como forma de aplicar castigo pessoal ou medida de caráter preventivo.

Pena - Reclusão de dois a oito anos.

§ 1º Na mesma pena incorre quem submete pessoa presa ou sujeita a medida de segurança a sofrimento físico ou mental por intermédio da prática de ato não previsto em lei ou não resultante de medida legal.

§ 2º Aquele que se omite em face dessas condutas, quando tinha o dever de evitá-las ou apurá-las, incorre na pena de detenção de um a quatro anos.

§ 6º O crime de tortura é inafiançável e insuscetível de graça ou anistia.

§ 7º O condenado por crime previsto nesta Lei, salvo a hipótese do § 2º, iniciará o cumprimento da pena em regime fechado.

Dos direitos do preso

Art. 5º, LXI, CF/88 - Ninguém será preso senão em flagrante delito ou por ordem escrita e fundamentada de autoridade judiciária competente, salvo nos casos de transgressão militar ou crime propriamente militar, definidos em lei

Art. 5º, LXII, CF/88 - A prisão de qualquer pessoa e o local onde se encontre serão comunicados imediatamente ao juiz competente e à família do preso ou à pessoa por ele indicada,

Art. 5º, LXIII, CF/88 – O preso será informado de seus direitos, entre os quais o de permanecer calado, sendo-lhe assegurada a assistência da família e de advogado.

Art. 5º, LXIV, CF/88 - O preso tem direito à identificação dos responsáveis por sua prisão ou por seu interrogatório policial,

Art. 5º, LXV, CF/88 - A prisão ilegal será imediatamente relaxada pela autoridade judiciária,

Art. 5º, LXVI, CF/88 - Ninguém será levado à prisão ou nela mantido quando a lei admitir a liberdade provisória, com ou sem fiança,

Do terrorismo, da segurança do cidadão, do Estado e os direitos humanos fundamentais,

Art. 5º, XLIII, CF/88 - A lei considerará crimes inafiançáveis e insuscetíveis de graça ou anistia a prática da tortura, o tráfico ilícito de entorpecentes e drogas afins, o terrorismo e os definidos como crimes hediondos, por eles respondendo os mandantes, os executores e os que, podendo evitá-los, se omitirem,

Art. 5º, XLIV, CF/88 - Constitui crime inafiançável e imprescritível a ação de grupos armados, civis ou militares, contra a ordem constitucional e o Estado democrático,

Das provas ilícitas

Art. 5º, LVI, CF/88 – São inadmissíveis, no processo, as provas obtidas por meios ilícitos,

Da presunção de inocência

Art. 5º, LVII, CF/88 – Ninguém será considerado culpado até o trânsito em julgado de sentença penal condenatória.

Da intimidade, honra e imagem.

Art. 5º, X, CF/88 - São invioláveis a intimidade, a vida privada, a honra e a imagem das pessoas, assegurado o direito a indenização pelo dano material ou moral decorrente de sua violação.

LEI Nº 9.455, DE 7 DE ABRIL DE 1997.

Art. 1º Constitui crime de tortura:

I - constranger alguém com emprego de violência ou grave ameaça, causando-lhe sofrimento físico ou mental:

a) com o fim de obter informação, declaração ou confissão da vítima ou de terceira pessoa;

b) para provocar ação ou omissão de <u>natureza</u> criminosa;

c) em razão de discriminação racial ou religiosa;

II - submeter alguém, sob sua guarda, poder ou autoridade, com emprego de violência ou grave ameaça, a intenso sofrimento físico ou mental, como forma de aplicar castigo pessoal ou medida de caráter preventivo.

Pena - reclusão, de dois a oito anos.

19. Lei nº 7.716 (de 05 de Janeiro de 1989)

Define os crimes resultantes de preconceito de raça ou de cor

O PRESIDENTE DA REPÚBLICA faz saber que o Congresso Nacional decreta e eu sanciono a seguinte Lei:

Art. 1º Serão punidos, na forma desta Lei, os crimes resultantes de preconceitos de raça ou de cor.

Art. 2º (Vetado).

Art. 3º Impedir ou obstar o acesso de alguém, devidamente habilitado, a qualquer cargo da Administração Direta ou Indireta, bem como das concessionárias de serviços públicos.

Pena: reclusão de dois a cinco anos.

Art. 4º Negar ou obstar emprego em empresa privada.

Pena: reclusão de dois a cinco anos.

Art. 5º Recusar ou impedir acesso a estabelecimento comercial, negando-se a servir, atender ou receber cliente ou comprador.

Pena: reclusão de um a três anos.

Art. 6º Recusar, negar ou impedir a inscrição ou ingresso de aluno em estabelecimento de ensino público ou privado de qualquer grau.

Pena: reclusão de três a cinco anos.

Parágrafo único. Se o crime for praticado contra menor de dezoito anos a pena é agravada de 1/3 (um terço).

Art. 7º Impedir o acesso ou recusar hospedagem em hotel, pensão, estalagem, ou qualquer estabelecimento similar.

Pena: reclusão de três a cinco anos.

Art. 8º Impedir o acesso ou recusar atendimento em restaurantes, bares, confeitarias, ou locais semelhantes abertos ao público.

Pena: reclusão de um a três anos.

Art. 9º Impedir o acesso ou recusar atendimento em estabelecimentos esportivos, casas de diversões, ou clubes sociais abertos ao público.

Pena: reclusão de um a três anos.

Art. 10. Impedir o acesso ou recusar atendimento em salões de cabeleireiros, barbearias, termas ou casas de massagem ou estabelecimento com as mesmas finalidades.

Pena: reclusão de um a três anos.

Art. 11. Impedir o acesso às entradas sociais em edifícios públicos ou residenciais e elevadores ou escada de acesso aos mesmos:

Pena: reclusão de um a três anos.

Art. 12. Impedir o acesso ou uso de transportes públicos, como aviões, navios barcas, barcos, ônibus, trens, metrô ou qualquer outro meio de transporte concedido.

Pena: reclusão de um a três anos.

Art. 13. Impedir ou obstar o acesso de alguém ao serviço em qualquer ramo das Forças Armadas.

Pena: reclusão de dois a quatro anos.

Art. 14. Impedir ou obstar, por qualquer meio ou forma, o casamento ou convivência familiar e social.

Pena: reclusão de dois a quatro anos.

Art. 15. (Vetado).

Art. 16. Constitui efeito da condenação a perda do cargo ou função pública, para o servidor público, e a suspensão do funcionamento do estabelecimento particular por prazo não superior a três meses.

Art. 17. (Vetado)

Art. 18. Os efeitos de que tratam os arts. 16 e 17 desta Lei não são automáticos, devendo ser motivadamente declarados na sentença.

Art. 19. (Vetado).

Art. 20. Esta Lei entra em vigor na data de sua publicação.

Art. 21. Revogam-se as disposições em contrário.

Brasília, 5 de janeiro de 1989; 168º da Independência e 101º da República.
JOSÉ SARNEY
Paulo Brossard

20. Uso Progressivo da Força

Extraido do Livro "GPCI"
Editora Ciência Moderna (lcm@lcm.com.br)

Em Física Clássica, Força é aquilo que pode alterar o estado de repouso ou de movimento de um corpo, ou de deformá-lo. No GPCI é quando a Presença Física do Profissional de Segurança, "altera a ação criminosa", ou mesmo, "aborta a intenção criminosa", ou seja, o provável transgressor desiste da sua intenção de transgredir, em razão da Sensação de Segurança transmitida pelo Profissional de Segurança; e também quando a Presença Física do Profissional de Segurança, "altera o estado de repouso", ou seja, o transgressor foge ao perceber a aproximação do Profissional de Segurança. Resumindo, é quando o Profissional de Segurança é forçado a intervir, impedindo pessoas, ou grupos de pessoas que, por algum motivo, decidiram contrariar Normas e Diretrizes de Segurança predefinidas ou mesmo a própria Lei.

O Nível do Uso da Força é definido na teoria como sendo a modalidade da força utilizada pelo Profissional de Segurança, variando da simples Presença deste Profissional, funcionando como inibidor de uma atitude inconveniente, até o Uso de Técnicas de Traumatização com Armas Brancas e, em casos extremos, dentro da lei, o uso de armas convencionais letais como último recurso para defesa própria, protegendo sua incolumidade física, bem como a de terceiros. Mais adiante vamos estudar detalhadamente cada modalidade da força, cada nível do uso da força utilizada, lembrando que, o Uso Progressivo da Força é uma forma de orientar os Profissionais de Segurança a respeito dos mais diversos "Fatores de utoridade", da sua utilização ou não, do tipo de força e das possíveis reações deste profissional com relação às atitudes de um sujeito com comportamento inconveniente, com as quais podemos nos deparar no dia-a-dia; assim, inteligência emocional, equilíbrio e qualidade comportamental, são necessidades estratégicas.

O Profissional de Segurança, antes um Cidadão, deve cumprir o seu dever legal, sua missão, sem, contudo, provocar danos aos Direitos das pessoas; direitos estes garantidos por Lei. Sua missão é Administrar Conflitos e Problemas, Gerenciando Comportamentos Inconvenientes, nunca incentivá-los; assim, deve vigiar o tempo todo com o intuito de perceber atitudes inconvenientes que podem gerar 'Conflitos e Problemas', assim, "Adota Medidas e Atitudes Preventivas" para que os 'Conflitos e Problemas' por ele projetados não aconteçam. Muitas vezes acaba se vendo diante de um 'Conflito'; neste caso "Adota Medidas e Atitudes Preventivas" para que o 'Conflito' não se torne 'Problema'; entretanto, algumas vezes o profissional acaba se deparando com um 'Problema'. Neste caso deve "Adotar Medidas e Atitudes Preventivas" para que o 'Problema' não piore; pois não existe nada no mundo que não possa ficar ainda pior.

Existem situações onde as "Estratégias": Presença Física, Verbalização e Controle de Mãos Livres não são suficientes para Administrarmos determinados Conflitos / Problemas; o uso de uma "Arma Branca" um verdadeiro absurdo, e o uso de arma de fogo, uma insanidade, uma demência; não cabendo naquele momento avaliarmos a competência do Profissional de Segurança, mas o resultado obtido em razão de uma reação enérgica (Ataque). A opinião pública e a mídia com certeza absoluta não perdoariam uma reação descomedida, ou seja, uma reação sem usar a força de forma progressiva, assim, o Uso de "Técnicas de Submissão" torna-se uma necessidade, pois preenche esta lacuna existente. É importante essa colocação, pois o Profissional de Segurança, não pode ser visto como um "despreparado inconsequente". De alguma forma o uso de Técnicas de Submissão, que é um nível de uso da força, proporciona mais uma possibilidade de decisão. O uso adequado protege vidas humanas, inclusive a do próprio Profissional. É necessário situá-lo neste novo contexto para que possa cumprir o seu dever legal, sua missão, sem, contudo, provocar danos aos Direitos das pessoas.

20.1. Princípios Básicos sobre o Uso da Força

22.1.1. Princípio da Legalidade

A palavra legalidade significa qualidade, caráter ou condição do que é legal, do que está de acordo com a lei; o Princípio da Legalidade, ou Princípio da Anterioridade da Lei Penal, ou ainda Princípio da Reserva Legal é um princípio jurídico fundamental que estabelece não existir delito fora da definição da norma escrita na lei e nem se pode impor uma pena que nessa mesma lei não esteja já definida. No inc. II do art. 5º, diz que "ninguém será obrigado a fazer ou deixar de fazer alguma coisa senão em virtude de lei".

Vemos então que existe relativa liberdade do povo, que **pode fazer de tudo, menos o que a lei proíbe.** O Princípio da Legalidade é a expressão maior do Estado Democrático de Direito, a garantia vital de que a sociedade não está presa às vontades particulares, pessoais, daquele que governa. Cabe um momento de reflexão.

O Profissional de Segurança deve sempre buscar um fundamento legal para todas as suas decisões, atitudes e linhas de ação. Desta forma, conhecer a Lei e as Normas e Diretrizes do ambiente em que atua, são fatores fundamentais para tenha respaldo, credibilidade e, principalmente, o apoio da opinião pública.

20.1.2. Princípio da Necessidade

Princípio segundo o qual a regra de solução (que é limitadora de direito fundamental) somente será legítima quando for real o conflito, ou seja, quando efetivamente não for possível estabelecer um modo de convivência simultânea dos direitos fundamentais sob tensão
(ZAVASCKI, Teori Albino. Revista do Tribunal Regional Federal jul./set. 1995).

A necessidade diz respeito ao fato de ser a medida restritiva de direitos indispensável à preservação do próprio direito por ela restringido ou a outro em igual ou superior patamar de importância, isto é, na procura do meio menos nocivo capaz de produzir o fim propugnado pela norma em questão.

O Profissional de Segurança deve analisar, avaliar e fazer um estudo de situação para tentar estabelecer um modo de convivência; deve sempre verificar se existem outras possibilidades menos danosas; não sendo possível, o Princípio será legítimo, pois o conflito é real. Vale esclarecer que Propugnar significa Defender lutando, Pelejar, Lutar por... .

20.1.3. Princípio da Proporcionalidade

O Princípio da Proporcionalidade é um princípio constitucional implícito, porque, apesar de derivar da Constituição, não consta nela expressamente. Analisando terminologicamente, a palavra Proporcionalidade dá uma conotação de proporção, adequação, medida justa, prudente e apropriada à necessidade exigida pelo caso presente. Neste sentido, tal princípio tem como escopo evitar resultados desproporcionais e injustos, baseado em valores fundamentais conflitantes, ou seja, o reconhecimento e a aplicação do princípio permitem vislumbrar a circunstância de que o propósito constitucional de proteger determinados valores fundamentais deve ceder quando a observância intransigente de tal orientação importar a violação de outro direito fundamental mais valorado.
(Origem: Wikipédia, a enciclopédia livre).

Assim, o Profissional de Segurança deve sempre evitar resultados desproporcionais e injustos; para isso deve sempre usar o bom senso e o discernimento. Vale ressaltar que o uso desproporcional da força caracteriza excesso de poder ou abuso de autoridade. No ano de 1791, na França, um jurista de nome Jellinek, durante um Simpósio sobre Direito de Polícia, disse: "Não se abatem pardais disparando canhões"; após, retirou-se da mesa onde discursava sobre o fim do Estado de Polícia e o advento do Estado de Direito. Acredito que o Profissional Praticante de Artes Marciais, deva seguir as mesmas linhas de ação do Jurista Jellinek.

20.1.4. Princípio da Conveniência

É essencial que o Profissional de Segurança tenha consciência das suas atitudes e, principalmente consciência das consequências dos seus atos; assim, decisões do tipo:

O que usar?	É conveniente?
Onde usar?	É conveniente?
Como usar?	É conveniente?
Em quem usar?	É conveniente?
Quando usar?	É conveniente?
Porque usar?	É conveniente?

São fundamentais e estão dentro deste princípio. Cabe lembrar que Iniciativa, bom senso e discernimento são características que não podem ser desprezadas por um Profissional de Segurança; sem elas é impossível decidir corretamente, e este tipo de decisão precisa ser sempre impecável.

21. Emergência e Evento Crítico

Extraido do Livro "Segurança é Prevenção"
Editora Ciência Moderna (lcm@lcm.com.br)

21.1. Introdução

Raciocinar e agir com competência nos momentos mais críticos, nos momentos mais difíceis, é exatamente a forma como um profissional de segurança deve proceder. Raciocinar quando tudo está tranquilo, calmo, sossegado, é algo bastante comum, fácil demais para todos nós, não é verdade? Agora, raciocinar e agir com competência em situações de emergência exige um preparo e uma condição emocional diferenciada. Acredite, não é para qualquer um, entretanto, é imprescindível que um profissional de segurança tenha e desenvolva cada vez mais esta habilidade.

21.2. Assaltos

É fundamental que estejamos sempre esperando o melhor, contudo, preparados para o pior, se o pior não acontecer, é lucro!

- Se você foi surpreendido, como diz o outro, perdeu! Suas chances de reação acabaram, jamais tente reagir nestes casos, nunca esboce qualquer tipo de reação.

- Se você foi surpreendido, não seja um suicida em potencial, evite sempre reagir. Você só iria piorar as coisas.

- Caso haja mais pessoas no local, mantenha a calma, não grite e tente acalmar os que estão mais nervosos.ento crítico (Unidade 04)

- Jamais gesticule, tampouco faça movimentos bruscos que possam ser confundidos como uma reação de sua parte, mantenha o equilíbrio emocional.

- Reconheça, com humildade, a falha de ter sido surpreendido e tente manter-se calmo, o suficiente para ouvir e perceber todos os detalhes da ação criminosa e características dos assaltantes. Eles serão extremamente úteis no seu depoimento.

- É importante que você, como profissional de segurança, tente memorizar marcas, modelos, placas, cores e outros detalhes que considerar importante, pois é muito comum a Polícia, quando acionada, não possuir os dados necessários para proceder nas buscas.

- É claro que você é um profissional de segurança, entretanto, **tendo sido surpreendido**, por mais estrutura emocional que você tenha, nunca duvide que a arma utilizada pelo assaltante seja verdadeira ou esteja carregada,

- É importante sabermos que **"profissionais do crime"** não costumam agir sob o efeito de drogas, pois sabem que é muito mais fácil percebê-los, entretanto, estamos sujeitos a todos os tipos de ações criminosas, inclusive as mais perigosas, onde assaltantes imaturos sob o efeito de entorpecentes tentam viver a vida perigosamente, assim, é normal que estejam com o comportamento alterado, descompensado e estressado, tornando-se um elemento de alto risco.

21.3. Tumulto, pânico e evacuação de área

- Nós, profissionais de segurança, precisamos aprender a raciocinar e agir com competência exatamente nesses momentos quando, por instinto de sobrevivência, devido ao pânico, as pessoas perdem o controle emocional.

- As ordens que partem de nós, Profissionais de Segurança, precisam ser claras, precisas e concisas.

- Apesar da sensação de desordem, devido ao descontrole emocional, é necessário que se mantenha a calma para que as orientações sejam ouvidas e cumpridas.

- É necessário que tenhamos cuidados especiais com crianças, pessoas idosas e deficientes físicos.

- No caso de incêndio no estádio, as pessoas devem ser orientadas para que se encaminhem sem correria, para a saída de emergência.

- No caso de incêndio é necessário que, com calma, mas com firmeza de atitude, orientemos as pessoas para que sigam à risca as orientações da equipe de emergência, tais como: Não utilizar os elevadores, manter o controle emocional, etc.

21.4. Planos de emergência

Já aprendemos que o êxito de qualquer Operação de Segurança depende dos "Planos" bem concebidos. Os Planos de Emergência devem conter todos os instrumentos necessários, ou seja, um conjunto de normas e regras de procedimento, para fazer face à situação emergencial prevista, ou ainda, minimizar os efeitos de uma possível catástrofe, assegurando assim as condutas das operações de segurança. Cada plano tem as suas características específicas em razão do seu objetivo. Trata-se de um instrumento da maior importância, pois projeta os riscos estabelecendo os meios para fazer face a situação emergencial prevista, além de definir as equipes de emergência com as respectivas missões. Resumindo, é um instrumento de prevenção e de gestão operacional.

- Identifica os riscos;

- Define as linhas de ação, regras, normas e diretrizes de procedimento face à situação emergencial prevista;

- Organiza os meios de socorro e estabelece as missões específicas a cada um dos intervenientes;

- Permite desencadear ações oportunas, destinadas a minimizar as consequências de um possível sinistro;

- Evita tumulto, pânico, erros, atropelos e a dupla função;

- Prevê e organiza antecipadamente a evacuação e intervenção;

- Permite rotinas e procedimentos, os quais poderão ser testados através de exercícios de simulação.

21.4.1. Características do Plano de Emergência

Simplicidade: Deve ser elaborado de forma simples, precisa e concisa, para que seja bem compreendido, evitando confusões e erros por parte dos executantes;

Precisão: Deve ser claro na atribuição de responsabilidades;

Dinamismo: Deve ser sempre atualizado de acordo com a constante avaliação e análise de riscos e, obviamente, evolução quantitativa e qualitativa dos meios disponíveis;

Adequação: Deve estar adequado à realidade da instituição e meios existentes;

Flexibilidade: Deve ser flexível permitindo, assim, uma rápida adaptação a situações não previstas.

Nos preparativos de um Plano de Emergência devemos fazer um estudo de situação que, em conjunto com a estrutura interna de segurança, constituirão etapas sistematizadas, imprescindíveis à sua operacionalidade, em qualquer situação emergencial:

- O espaço existente deve ser caracterizado;
- O estabelecimento, ou a instituição, também deve ser caracterizada;
- Os riscos devem ser identificados;
- É necessário que façamos o levantamento dos meios e recursos disponíveis;
- É necessário que tenhamos conhecimento da estrutura interna de segurança;
- É necessário conhecermos o Plano de evacuação;
- É necessário conhecermos o Plano de intervenção;
- É necessário levantarmos as hipóteses que fundamentam a aplicação do plano;
- É necessário sabermos quais os órgãos de apoio.

22. Gerenciamento de Público

Extraido do Livro "GPCI"
Editora Ciência Moderna (lcm@lcm.com.br)

22.1. Introdução

Mahatma Gandhi dizia: "A Não-Violência nunca deve ser usada como um escudo para a covardia; é uma arma para os bravos". Assim, com este pensamento filosófico, "Uma arma para os bravos", o Profissional de Segurança deve desenvolver o "Gerenciamento Progressivo de Comportamento". É óbvio que não é nada fácil, entretanto, Equilíbrio Emocional e Qualidade Comportamental são Necessidades Estratégicas, e nós, Profissionais de Segurança, devemos, comprometidamente, buscá-las e desenvolve-las. O grande segredo é o treinamento; isso mesmo, "treinamento"; insistência, persistência, exaustão no treinamento. Precisamos no dia-a-dia treinar nossas emoções que geram os mais variados tipos de comportamento.

Sabemos que relacionar-se com seres humanos não é uma tarefa fácil; nós, seres humanos, não somos apenas corpo; também não somos apenas espírito; somos "corpo e alma". Assim, quando comprometidamente trabalhamos nosso corpo, de alguma forma, Deus trabalha nosso caráter, nossa personalidade. Tornamo-nos seres humanos melhores, mais equilibrados emocionalmente e com uma qualidade de comportamento facilmente percebida por todos aqueles que convivem conosco; enfim, tornamo-nos mais espiritualizados.

A Declaração Universal dos Direitos Humanos é um dos documentos básicos das Nações Unidas e foi assinada em 1948. Nela, são enumerados os direitos que todos os seres humanos possuem. O artigo 3º da Declaração Universal dos Direitos Humanos (DUDH) de 1948, diz que "Todo ser humano tem direito à vida, à liberdade e à segurança pessoal". Percebam que é um direito fundamental das pessoas e de acentuada importância, pois é o núcleo de todo esse trabalho sobre "Gerenciamento Progressivo de Comportamento Inconveniente". O artigo 5º diz que "Ninguém será submetido à tortura nem a tratamento ou castigo cruel, desumano ou degradante". Este artigo nos leva a seguinte reflexão: "O que poderia gerar o mau uso das técnicas de Abordagem?" Nas entrelinhas, está implícito que Profissionais de Segurança despreparados e desequilibrados emocionalmente, poderiam causar muito sofrimento às pessoas; poderiam submetê-las a castigos absolutamente desnecessários, levando-as inclusive à morte. Alguém duvida? Portanto, o Vigilante deve usar todo o conhecimento técnico adquirido, com o máximo de responsabilidade, tendo sempre em mente que nada, absolutamente nada poderá alterar o seu Equilíbrio Emocional e a sua Qualidade de Comportamento, pois o risco existe e o uso abusivo e desnecessário fere, inclusive, Normas Internacionais.

Vocês já assistiram ao filme "Um dia de fúria"? Imaginem uma pessoa com um sentimento muito intenso de raiva, de ódio, de rancor, de indignação, que se manifesta através de ofensa, injúria, atentado físico ou moral, e ainda que a leva ao desejo de vingança, expressado por cólera e fúria.

Talvez um pouco menos do que foi descrito acima, mas, todos nós já nos comportamos inconvenientemente em algum momento da vida, e certamente nos comportaremos de maneira inconveniente num futuro; talvez não muito distante. Raríssimas pessoas são capazes de admitir os seus comportamentos inconvenientes, mas, com certeza, enxergam com facilidade os comportamentos inconvenientes dos outros. Vocês se recordam daquele indivíduo que atropelou vários ciclistas que faziam um protesto? Por sorte não matou-os, mas, sua atitude violenta nos faz refletir sobre o motivo que o levou a agir assim. Certamente sentiu-se injustiçado, liberando imediatamente uma quantidade absurda de hormônios que o levou àquela loucura; talvez aquele protesto fosse prejudicar um novo negócio, poderia atrasa-lo para uma reunião importante, ou quem sabe leva-lo a ser alvo de chacota por mais um atraso corriqueiro? Todas as hipóteses podem e devem ser levadas em consideração, inclusive a de loucura, mas, nada irá justificar este comportamento insano. Percebam que pelo simples fato de estarmos analisando este caso, provavelmente, caso enfrentemos situações parecidas num futuro, nossas chances de não repetirmos o erro aumenta de forma significativa.

Nós, seres humanos, temos pouco ou nenhum controle sobre os nossos feedbacks emocionais e fisiológicos. Quando nos confrontamos com algo que acreditamos estar errado, ou também, fatos que nos desagradam profundamente, ficamos indignados, irados, com raiva. Todos nós conhecemos e certamente já assistimos aos filmes do "Incrível Hulk", um dos personagens mais conhecidos das estórias em quadrinhos criadas por Jack Kirby e Stan Lee em 1962. O verdadeiro nome do Hulk é Robert Bruce Banner, um jovem cientista que foi atingido acidentalmente por raios gama quando salvava um adolescente durante um teste militar de uma bomba por ele desenvolvida. fato interessante é que sua transformação, de Banner para Hulk, só ocorre quando o Dr. Banner, de alguma forma, fica extremamente irado, despertando assim o seu lado mais selvagem e assustador. Considerando o exposto, pois a analogia é perfeita, ao gerenciarmos comportamentos inconvenientes, precisamos tomar todo o cuidado para não estimularmos na pessoa, sentimentos como raiva, ódio, rancor; portanto, é preciso que entendamos como o sentimento de raiva surge. Acredite, não é nada interessante despertarmos, em determinadas pessoas, estes sentimentos que produzem estas transformações.

Num confronto direto, quando batemos de frente com algo que acreditamos ser errado, surge imediatamente o sentimento de indignação que nos leva à raiva. A indignação será maior ou menor na proporção do nível de importância que damos aquilo que acreditamos ser errado. Observem que mesmo sendo sinceros no "acreditar ser ou estar errado", não significa que estejamos com a verdade; podemos estar sinceramente equivocados. Esta é, de fato, uma questão que devemos refletir bastante; assim, devemos usar de empatia o tempo todo e, ao percebermos que a pessoa inconveniente acredita de verdade naquela posição, é necessário que sejamos hábeis na argumentação e tentemos perceber qual o nível de importância dado àquela "verdade"; só assim teremos mais chances de êxito no Gerenciamento daquele Comportamento Inconveniente.

O sentimento de indignação, de raiva, é inevitável em razão de uma resposta fisiológica, entretanto, é fundamental esclarecermos que realmente não temos qualquer controle sobre os nossos sentimentos, mas, se treinarmos exaustivamente, com certeza absoluta, aprenderemos a controlar o nosso comportamento. Eu posso estar com uma vontade enorme de gritar com alguém, socar, bater, estrangular, submeter e até mesmo matar, mas, apesar deste sentimento ruim, me comportar equilibradamente. Meus pais sempre me diziam: "Meu filho, vontade é coisa que dá e passa; é só respirar um pouco mais, andar, andar e andar; contar até dez, em alguns casos até cem e outras vezes, até mil; trata-se de aprender a resistir"; e é realmente uma verdade. Quando resistimos às nossas "vontades" e fazemos o que é certo, percebemos logo em seguida a bobagem que teríamos feito caso tivéssemos optado errado, ou seja, agido de acordo com os sentimentos feridos. Estou convencido de que estes sentimentos sempre nos levam em direção à morte. Quando aprendemos a lidar de forma equilibrada com eles, ou melhor, quando passamos a dominar esses sentimentos e não mais, sermos dominados por eles, criamos ambientes favoráveis na nossa família, no nosso trabalho, com nossos amigos, enfim, na sociedade; tornamo-nos então seres humanos melhores. Para isso é necessário seguirmos algumas linhas de ação:

1. Reconheça, admita de forma consciente e equilibrada a sua indignação;
2. Não reaja pelo impulso, não siga os seus sentimentos feridos;
3. Procure entender, tente localizar o foco da sua indignação;
4. Analise suas opções e projete o resultado futuro das suas possíveis escolhas;
5. Transforme toda essa teoria em ação; faça a escolha certa.

Quando abordamos este assunto em sala de aula, percebemos com clareza que muitos Profissionais de Segurança poderiam ter evitado muitas dores de cabeça se, na sua Educação Básica, tivessem sido orientados e conscientizados a esse respeito, assim, é impossível não citarmos Lao Tsé que diz: "Um homem que vence outro homem é forte, mas, o homem que vence a si mesmo é poderoso."

Agora que entendemos um pouco mais dos conceitos técnicos e das questões emocionais e fisiológicas, é necessário conhecermos a aplicabilidade do Gerenciamento Progressivo de Comportamento Inconveniente. Vimos que reconhecer e admitir de forma consciente e equilibrada a indignação, é o primeiro passo. O problema é como fazer com que a pessoa com atitude inconveniente admita a raiva, admita que esteja indignada?

Empatia continua sendo a palavra chave. Precisamos nos colocar no lugar do outro; só assim teremos mais chances de falar o que a pessoa precisa ouvir para admitir a indignação. Vale lembrar que a pessoa precisa admitir naturalmente; trata-se de auto constatação, uma conclusão própria. Não devemos apontar o erro, lembra-la do erro, mas sim faze-la perceber que todos nós temos o direito de "nos indignarmos"; nós só não temos o direito de errar com ninguém com base na nossa indignação, pois existe a hipótese de estarmos equivocados; caso estejamos, estaríamos pagando um enorme "mico" com consequências imprevisíveis. Portanto, o ideal é que nesses momentos, com toda a sensibilidade, de forma curta, mas extremamente educada, falemos claro e em bom tom:

1. "O senhor (a) tem toda a razão de estar indignado (a); mas não permita que a indignação venha prejudicá-lo (a)".

2. "Deixe-me ajudá-lo (a) senhor (a)". Existe a possibilidade de um equivoco das duas partes; caso seja eu o equivocado, peço-lhe perdão.

Vale reiterar que devemos, de alguma forma, fazê-la entender que não é pecado nos indignarmos, entretanto, não podemos permitir que a indignação nos leve em direção ao erro. Mostre que não deixa-la errar é uma preocupação sua para com ela. Deixe bastante claro que o seu objetivo é ajuda-la; única e exclusivamente, ajudá-la.

1. "O senhor (a) tem toda a razão de indignar-se; mas, suas atitudes podem tirar toda a sua razão".

2. "Permita-me ajudá-lo (a) senhor (a)".

Vimos também que não reagir de forma impulsiva, não seguir os sentimentos feridos é o segundo passo para que tenhamos sucesso no GPCI. Precisamos, com muita sensibilidade, mostrar a pessoa que agir por impulso é normalmente uma atitude negativa. O problema é: Como fazer com que a pessoa com comportamento inconveniente não tenha uma atitude impulsiva? Precisamos entender a fisiologia do negócio, entender que aquela resposta impulsiva é fruto de uma quantidade enorme de adrenalina e noradrenalina lançada na corrente sanguínea, assim, é necessário que façamos uma abordagem altamente diplomática, mas recheada com muita autoridade:

1. "Senhor, perdoe-me por tê-lo contrariado, mas estou dentro da lei, cumprindo ordens";

2. "Senhor, desculpe-me, não é minha intenção causar problemas, mas são normas e diretrizes, apenas preciso cumpri-las".

Muitos de nós, ainda crianças, aprendemos "erroneamente" a não reprimir a raiva. Ouvimos muitas vezes os adultos falarem: "De vez em quando é bom colocarmos pra fora nossa raiva, senão enfartamos". Reprimir nossas atitudes impulsivas e nossas respostas impensadas é fundamental; pois, sentimento é uma coisa e comportamento é outra coisa. Reprimir comportamentos insanos não significa "armazenar a raiva". Observem bem, é uma grande bobagem achar que, "se segurarmos a onda", a ira, a raiva e a indignação serão rapidamente "armazenadas" num cantinho estratégico do nosso organismo, e a qualquer momento, Bummmm!!! O "Big Bang!" surge. Percebam; não estou afirmando categoricamente que a indignação não pode ser armazenada. A indignação realmente pode ser armazenada, mas, apenas, se não soubermos lidar com ela; assim, nosso objetivo é exatamente fazer com que você tenha consciência, entenda e não permita que a indignação fique "mal resolvida". Estou convencido de que a indignação é um feedback de compensação; ou melhor, é uma resposta imediata a um sentimento de frustração, de desconforto, de injustiça, etc. Portanto, reitero que reprimir nossas atitudes impulsivas e nossas respostas impensadas é fundamental; pois, sentimento é uma coisa e comportamento é outra coisa. É uma questão de aprendizagem, é treinamento diário; precisamos aprender a controlar o nosso comportamento, pois, o sentimento é algo fisiológico.

Vimos anteriormente que quando nos confrontamos com algo que acreditamos estar errado, ou também, fatos que nos desagradam profundamente, somos bombardeados por uma quantidade absurda de Epinefrina (adrenalina) e Norepinefrina (noradrenalina), que lançadas na corrente sanguínea, nos deixa loucos de raiva, com sentimento de indignação à flor da pele e, se estivermos bem treinados, preparados para o combate, nos comportaremos bem e seremos aplaudidos; caso contrário, seremos apedrejados e crucificados sem dó e sem piedade. Entretanto, também é verdade que, da mesma forma que explodimos de raiva, também podemos implodir. A explosão seria de fora para dentro, já a implosão seria lentamente e silenciosamente de dentro para fora; assim, é fundamental que consigamos lidar com essa "indignação mal resolvida", pois, caso contrário, ela vai se acumulando e, nós implodimos.

Vimos, portanto, que procurar entender e tentar localizar o foco da indignação é o terceiro passo, entretanto, esta etapa acontece quando estamos em pleno combate com nós mesmos. É realmente uma etapa sofrida, pois, precisamos aprender a raciocinar e agir com competência durante um momento altamente crítico e difícil, momento em que estamos tentando reprimir os nossos impulsos; e é exatamente neste momento que precisamos localizar o foco da indignação, ou melhor, localizar a verdadeira origem da indignação. Sabemos que muitas vezes nos estressamos no trânsito devido a um problema com um colega de trabalho, ou nos descompensamos com nossos filhos em razão de um atrito com um garçom que não nos atendeu com cordialidade, demorou com os pedidos e ainda cobrou uma refeição não solicitada, e assim, por falta de treinamento, por não sabermos localizar o foco da indignação, vamos complicando, distorcendo e destruindo tudo. Portanto, é necessário desenvolvermos um pavio muito longo, e também que consigamos transformar nosso estômago em pântano, em razão dos sapos que certamente precisaremos engolir quando estivermos gerenciando pessoas com comportamento inconveniente.

O quarto passo é analisar todas as opções existentes, projetando o "feedback de compensação" de cada uma delas, ou seja, é a previsão do resultado futuro das nossas possíveis escolhas. Somos livres, nascemos livres, mas nossa liberdade não é uma árvore que nasce pronta; é uma semente que precisa ser plantada. Cada escolha, cada opção que fazemos é uma semente que plantamos em nós mesmos. Nós temos o direito de optar, somos livres para escolher, entretanto, somos obrigados a colher os frutos que plantamos. Se fizermos boas escolhas, se plantarmos boas sementes, certamente colheremos frutos que serão agradáveis aos nossos olhos; contudo, se plantarmos sementes ruins, seremos obrigados a colher frutos que não serão agradáveis aos nossos olhos. Assim, conscientes da importância desta etapa e, obviamente, com todo o tato do mundo, precisamos fazer com que a pessoa com comportamento inconveniente receba estas informações. Portanto, seremos nós que analisaremos as opções existentes; seremos nós que projetaremos, para a pessoa inconveniente, o resultado da sua escolha, ou melhor, os frutos que ela, obrigatoriamente, irá colher. Exemplos:

1. "Senhor, preciso alertá-lo; caso o senhor tome esta decisão, serei obrigado a acionar a polícia";

2. "Senhor, seria bastante desagradável para todos nós, perdermos a noite numa Delegacia Policial";

3. "Senhor, sua escolha vai leva-lo a um Processo Criminal, vai nos custar muitas horas com esclarecimentos e depoimentos intermináveis na Delegacia".

4. "Senhor, eu não vou impedi-lo de entrar; mas, perceba que as imagens estão sendo gravadas. O resultado é Processo Criminal é demissão por justa causa; o senhor realmente quer isso? Deixe-me ajudá-lo senhor."

O quinto passo é quando transformamos toda essa teoria em ação, ou seja, quando fazemos a escolha certa; quando optamos corretamente. Percebam que no nosso caso, precisamos usar toda a sensibilidade para fazer com que a pessoa com atitude inconveniente faça a escolha certa.

Aprendemos que tudo na vida é simples, mas nada na vida é fácil. Sabemos que o fato de conhecermos o caminho da vitória não significa que seremos vitoriosos; o fato de conhecermos o segredo do sucesso não significa que teremos sucesso na vida. O fato de sabermos que exercícios físicos diários e uma alimentação com base em frutas, legumes e verduras é o grande segredo do sucesso para que tenhamos um corpo saudável, não significa que vamos conseguir este corpo saudável e escultural, pois, é necessário que consigamos resistir às deliciosas feijoadas, aos suculentos bifes com batatas fritas, às saborosas lasanhas de queijo e presunto, aos mais variados tipos de doces, sorvetes, pudins de leite condensado, enfim, esses "venenos" que certamente causarão em nós, uma complicada crise existencial. Fazer a escolha certa é simples, mas como vimos não é nada fácil, pois, exige renuncia e sofrimento, e quem está predisposto ao sofrimento? Quem gosta de sofrer?

23. Briefing de Segurança para um Grande Evento

Para que um Grande Evento aconteça sem alteração ou dentro da normalidade, é fundamental que façamos um bom briefing.

Briefing é uma reunião onde resumimos aquilo que pretendemos apresentar para o cliente; seja ele um cliente externo ou interno. Uma conversa fundamentada e bem estruturada com o cliente nos dá condições para a elaboração de um bom Briefing. Veremos a seguir o esqueleto de um Briefing.

1 – O Grande Evento
     1.2. O Cliente
     1.3. Data da Reunião
     1.4. Data do Evento

2 – O Grande Evento
     2.1. Número de Vigilantes
     2.2. Público-Alvo
     2.3. Duração do Evento
     2.4. Data para a realização do Evento
     2.5. Cronograma do Evento
     2.6. Local do Evento
     2.7. Objetivos do Evento;
     2.8. Indispensáveis e Proibições
     2.9. Budget (verba disponível) limite para o Evento;
     2.10. Necessidades fisiológicas, de alimentação, de alojamento, deslocamento
     2.11. Previsão do Horário de Chegada e Saída da equipe
     2.12. Outras observações.

3 – Características
     3.1. Dimensões do espaço e características especiais (layout da(s) sala(s));
     3.2. Catering (promover serviços alimentares em lugares remotos ou de difícil alcance);
     3.3. Audiovisuais;

3.4. Animação;
3.5. Decoração;
3.6. Uniforme (sexo, número, tipo, modelo);
3.7. Valet Parking (Estacionamento com Manobrista)
3.8. Fotógrafo;
3.9. Captação de imagem de vídeo e pós-produção;
3.10. Transfer e transportes;
3.11. Paramédicos, ambulância.

4 – Comunicação
    4.1. Como será a comunicação da empresa com os Vigilantes?
    4.2. Necessária criação de equipe reserva?
    4.2.1. Convites, site, Follow ups, pastas, material de comunicação, etc;
    4.2.2. Assessoria de imprensa
    4.3. Observações.

24. Emergências

Extraido do Livro "Segurança é Prevenção"
Editora Ciência Moderna (lcm@lcm.com.br)

24.1. Prevenção de Incêndios

24.1.1. Considerações preliminares

- Um profissional de segurança privada, principalmente quando faz parte da Brigada de Emergência e Combate a Incêndio, precisa redobrar sua atenção. Percepção é uma palavra chave, portanto, à menor possibilidade desse conflito/problema, as medidas preventivas devem ser adotadas imediatamente.

- Ao perceber um princípio de incêndio, acione imediatamente o alarme e aja de acordo com o plano de evacuação. O Corpo de Bombeiros deve ser acionado imediatamente através do telefone 193.

24.1.2. Conceito de fogo e incêndio

- Incêndio é quando o fogo foge do controle do homem.

- No incêndio, o fogo transforma-se num agente com alto poder destrutivo, fora do controle do homem.

24.1.3. Triângulo do fogo/Tetraedro do fogo

Fogo: É uma reação química provocada pela união de três elementos essenciais:

- Combustível

- Comburente

- Calor

O triângulo do fogo é uma forma didática, criada para melhor ilustrar a reação química da combustão onde cada ponta do triângulo representa um elemento participante desta reação. De acordo com a revista eletrônica do curso de Geografia do Campus Avançado de Jataí-GO, para que o fogo possa expandir-se, é necessário coexistir simultaneamente quatro elementos do tetraedro do fogo, que são eles:

- Combustível;
- Comburente ou oxidante que reage com o primeiro;
- Energia de ativação, necessária para iniciar a reação entre ambos;
- Reação em cadeia que, uma vez iniciada, se propaga.

Considera-se este conceito, uma vez que haja a mistura entre o combustível e o comburente e que esta mistura receba certa energia para iniciar a reação.

24.1.4. Meios de Propagação

É importante que estejamos conscientes de que a possibilidade de um foco de incêndio extinguir ou evoluir para um grande incêndio depende, basicamente, dos seguintes fatores:

- Quantidade, volume e espaçamento dos materiais combustíveis no local;

- Tamanho e situação das fontes de combustão;

- Área e locação das janelas;

- Velocidade e direção do vento;

- A forma e dimensão do local.

24.1.5. Formação de Incêndios e Sinistros Conexos

24.1.5.1. Classes de Incêndios

É importante entendermos que quase todos os materiais são combustíveis, no entanto, devido à diferença na sua composição, queimam de formas diferentes e exigem maneiras diversas de extinção do fogo. Assim, convencionou-se dividir os incêndios em quatro classes:

A. De superfície e profundidade planos: papéis, madeiras, fibras, lixo, etc.

B. De superfície: gasolina, óleos, querosene, graxa, tintas, gases, etc.

C. Equipamentos elétricos energizados.

D. Materiais pirofóricos: motores de carro.

24.1.6. Métodos Preventivos

Segurança, para nós que atuamos no segmento segurança privada é, simplesmente, prevenção. Vale ressaltar que as causas de um incêndio são as mais variadas, entre elas podemos citar: descargas elétricas, sobrecarga nas instalações elétricas dos edifícios, falhas humanas (por negligência, imprudência, imperícia ou mesmo irresponsabilidade), etc. Como já comentamos anteriormente, é necessário que algumas medidas sejam tomadas para que possamos salvar vidas e bens patrimoniais, portanto:

- Não permita brincadeiras com fogo! Parece bobagem, mas uma simples "guimba" de cigarro mal apagado, jogada de forma negligente numa lixeira, pode causar um terrível desastre.

- Esteja sempre atento e oriente as pessoas para que apaguem o cigarro antes de deixá-lo em um cinzeiro ou jogá-lo em uma caixa de areia. A questão da conscientização é fundamental, educação é a palavra chave.

- Da mesma forma oriente as pessoas com relação aos palitos de fósforo. Habitue-se a cobrar e a orientar as pessoas para que apaguem os palitos de fósforo antes de jogá-los fora. Como sabemos, segurança é prevenção.

- Oriente com relação às placas de sinalização e não permita que as pessoas fumem em locais proibidos, mal ventilados ou ambientes sujeitos à alta concentração de vapores inflamáveis tais como vapores de colas e de materiais de limpeza.

- Procure sempre orientar as pessoas no sentido de não apoiar velas sobre caixas de fósforo tampouco sobre materiais combustíveis.

- Verifique a existência dos detectores de temperatura e fumaça, acionadores de pânico, placas de saída de emergência e sinais sonoros e visuais que devem ser distribuídos de acordo com as necessidades de cada ambiente.

- Não permita que a casa de força, a casa de máquinas dos elevadores e a casa de bombas do prédio sejam utilizadas como depósito de materiais e objetos. São locais super importantes e bastante perigosos, que devem estar sempre desimpedidos.

- O uso de centrais de incêndio e detectores é fundamental para prevenir situações de pânico.

- Sabemos que uma das principais causas de incêndio é a sobrecarga na instalação elétrica. No caso de sobrecarga, ou seja, a corrente elétrica acima do que a fiação suporta, os fios sofrem superaquecimento. Neste caso, o risco de um incêndio é enorme. Por isso, oriente e aconselhe para que as pessoas não liguem mais de um aparelho por tomada, pois esta é uma das causas de sobrecarga na instalação elétrica.

- Esteja sempre atento às ligações provisórias. Devemos, como profissionais de segurança, orientar sempre. Não é necessário que sejamos eletricistas profissionais, basta bom senso e discernimento, não é mesmo? Portanto, tome sempre muito cuidado com as instalações elétricas. Fios descascados quando encostam um no outro, provocam curto-circuito.

Quando, nas instalações elétricas, nos depararmos com problemas que vão além da nossa competência, devemos acionar um eletricista qualificado.

Por exemplo:

- Disjuntores que desarmam constantemente;

- Frequente queima de fusíveis;

- Aquecimento da fiação e/ou disjuntores;

- Quadros de distribuição com dispositivos de proteção antigos devem ser substituídos. O custo benefício é enorme;

- Fiações expostas. O risco é muito alto, a fiação deve estar sempre embutida em eletrodutos;

- Lâmpadas incandescentes instaladas próximas a materiais combustíveis, devem ser substituídas;

- Instalações e equipamentos elétricos devem possuir aterramento adequado.

ATENÇÃO – Toda a instalação elétrica tem que estar de acordo com a Norma Brasileira NBR 5410 da ABNT (Associação Brasileira de Normas Técnicas)

- Nós, como profissionais de segurança, devemos nos preocupar inclusive com a habilitação das pessoas que realizam consertos ou modificações nas instalações de gás. Devemos sempre checar os documentos que as habilitam, assim como as referências.

- É importante que estejamos atentos aos possíveis vazamentos nos botijões de gás, trocando-os imediatamente caso constatemos alguma irregularidade.

- Não devemos aceitar botijões que estiverem visualmente em péssimo estado.

- Para verificarmos possíveis vazamentos, devemos utilizar apenas água e sabão. Jamais devemos improvisar maneiras de eliminar vazamentos, como por exemplo, cera. É fundamental que os botijões estejam sempre em locais ventilados.

- Ao percebermos cheiro de gás, nunca devemos ligar ou desligar a luz, tampouco aparelhos elétricos. As pessoas devem ser afastadas do ambiente, imediatamente e o local deve ser ventilado. O registro de gás deve ser fechado para restringir o combustível e o risco de incêndio. Não há perigo de explosão do botijão ao fecharmos o registro. Se possível, devemos levar o botijão para um local aberto e ventilado.

- No caso de um incêndio com botijão de gás no local, se possível, usando logicamente o bom senso, devemos tentar retira-lo antes que o fogo possa atingí-lo. Em todas essas situações, devemos acionar o Corpo de Bombeiros – telefone 193.

- É importante que nos preocupemos em manter sempre desobstruídos os corredores, escadas e saídas de emergência. Devemos orientar as pessoas para que não coloquem vasos, latas ou sacos de lixo nesses locais. Não devemos permitir que as pessoas utilizem estes locais como depósito, mesmo que provisoriamente.

24.1.7. Papel dos Bombeiros e das Brigadas de Incêndio.

- A Brigada de Emergência e Combate a Incêndio é uma equipe formada por profissionais bem treinados com conhecimento básico sobre prevenção de incêndio, evacuação de área, pronto socorro às vítimas de acidentes ou mal súbito devidamente dimensionada de acordo com as normas e diretrizes existentes na empresa, indústria, condomínios, estabelecimentos comerciais, financeiros, etc., e também de acordo com a população existente neste local ou edificação.

- Nas situações emergenciais, atua diretamente até a chegada do Corpo de Bombeiros. Em seguida, passa a auxiliá-los de acordo com a necessidade e solicitação dos mesmos.

- No dia-a-dia, cabe a esta equipe a vistoria periódica nos equipamentos de prevenção e combate a incêndios, assim como o treinamento de evacuação de área ou abandono de prédio pelos funcionários, moradores, usuários, clientes internos e externos.

- A relação das pessoas idosas, deficientes físicos e crianças, enfim, pessoas com dificuldade de locomoção permanente ou temporária deve ser atualizada constantemente, assim como as linhas de ação e os procedimentos necessários para a retirada dessas pessoas em situações emergenciais

- devem ser previamente definidos.

- A Brigada de Emergência e Combate a Incêndio deve garantir a saída dos ocupantes do prédio de acordo com o "Plano de Evacuação".

- É fundamental que a Equipe de Emergência verifique a existência de possíveis retardatários nos elevadores, salas e sanitários.

- O equilíbrio emocional é imprescindível; manter-se calmo e raciocinar nos momentos críticos e difíceis é importante para impedirmos o pânico.

- A equipe de emergência deve utilizar o sistema de alto falantes como facilitador na ajuda e orientação das pessoas.

- É imprescindível a utilização de alarme de detecção de fumaça, pois esse equipamento, através do monitoramento dos sensores, possibilita a detecção do início de incêndio, e, no início, é bem mais fácil.

24.1.8. Combate a Incêndio nas pequenas

proporções

É importante que tenhamos consciência de que a nossa função é preventiva. Combatemos princípios de incêndio. O pior doente é aquele que considera a saúde a sua enfermidade, portanto, é necessário reconhecermos as nossas limitações. Nós não temos a menor condição de combater um incêndio, não fomos treinados para tal e tampouco estamos preparados. Essa missão não é nossa, pertence ao Corpo de Bombeiros.

24.1.9. Métodos de extinção

Há três meios de extinguir o fogo:

24.1.9.1. Abafamento

Consiste em eliminar o comburente (oxigênio) da queima, fazendo com que ela enfraqueça até apagar-se. Se colocarmos uma vela acesa dentro de um recipiente de vidro e fecharmos, observaremos que, gradativamente, a chama vai enfraquecendo até extinguir-se por completo. Isto porque a chama consumiu todo o oxigênio existente naquele local. Extintores de CO_2 são eficazes para provocar o abafamento.

24.1.9.2. RETIRADA DO MATERIAL (ISOLAMENTO)

Há duas opções de ação na retirada de material:

- Retirar o material que está queimando, a fim de evitar que o fogo se propague;

- Retirar o material que está próximo ao fogo, efetuando um isolamento para que as chamas não tomem grandes proporções.

24.1.9.3. Resfriamento

O resfriamento consiste em tirar o calor do material. Para isso, usa-se um agente extintor que reduza a temperatura do material em chamas. O agente mais usado para combater incêndios por resfriamento é a água.

24.1.10. Extintores de incêndios - Tipos

ÁGUA PRESSURIZADA:

- Classe "A" – Excelente eficiência.
- Classe "D" – Poderá ser usada em último caso, caso não haja o PQS.

GÁS CARBÔNICO:

- Classe "B" – Boa eficiência.
- Classe "C" – Ótima eficiência.
- ESPUMA:
- Classe "B" – Ótima eficiência.

PÓ QUÍMICO SECO:

- Classe "B" – Ótima eficiência.
- Classe "C" – Boa eficiência, contudo, pode causar danos em equipamentos.
- Classe "D".

EXTINTOR DE ÁGUA PRESSURIZADA:

- É indicado para aplicações em incêndio "CLASSE A".

Por ser condutor de eletricidade, a água e a espuma não podem ser utilizadas em incêndios de equipamentos elétricos energizados (ligados na tomada). A água e a espuma podem provocar curto-circuito.

O extintor de água pressurizada não é indicado para combate a incêndio em álcool ou similar. Nesse caso, o agente extintor indicado é o Pó Químico.

EXTINTORES DE ESPUMA

A espuma é um agente indicado para aplicação em incêndios "CLASSE A e CLASSE B". Os extintores têm prazo máximo de utilização de cinco anos, dentro da validade da carga e/ou do recipiente.

- Instruções para uso do Extintor de Espuma

    A. Leve o aparelho até o local do fogo;
    B. Inverta a posição do extintor (FUNDO PARA CIMA);
    C. Dirija o jato contra a base do fogo.

    Obs: Se o jato de espuma não sair, revire-o uma ou duas vezes, para reativar a mistura.

GÁS CARBÔNICO (CO_2)

O gás carbônico, também conhecido como dióxido de carbono ou CO_2, é mal condutor de eletricidade e, por isso, indicado em incêndios "CLASSE C".

Cria ao redor do corpo em chamas uma atmosfera pobre em oxigênio, impedindo a continuação da combustão. É indicado também para combater incêndios da "CLASSE B", de pequenas proporções.

- Instruções para o uso do Extintor de CO_2

1. Retire o pino de segurança que trava o gatilho;
2. Aperte o gatilho e dirija o jato à base do fogo.

PÓ QUÍMICO SECO (PQS)

- O Extintor de Pó Químico Seco é recomendado para incêndio em líquidos inflamáveis ("CLASSE B"), inclusive aqueles que se queimam quando aquecidos acima de 120º C, e para incêndios em equipamentos elétricos ("CLASSE C").

- O extintor de Pó Químico Seco pode ser pressurizável.

- Instruções para uso do Extintor de Pó Químico Seco Pressurizável

    a. Puxe a trava de segurança para trás ou gire o registro do cilindro (ou garrafa) para a esquerda, quando o extintor for de Pó Químico com pressão injetável;
    b. Aperte o gatilho;
    c. Dirija o jato contra a base do fogo procurando cobrir toda a área atingida com movimentação rápida.

24.1.11. Evacuação de locais

- A Brigada de Emergência e Combate a Incêndio, precisa raciocinar e agir com competência exatamente nesses momentos, quando, por instinto de sobrevivência, devido ao pânico, as pessoas perdem o controle emocional.

- As ordens que partem destes profissionais precisam ser claras, precisas e concisas.

- Apesar da sensação de desordem, devido ao descontrole emocional, é necessário que se mantenha a calma para que as orientações sejam ouvidas e cumpridas.

- As pessoas devem ser orientadas para que se encaminhem, sem correria, para a saída indicada e desçam, jamais subam, pela escada de emergência.

- É necessário que orientemos as pessoas para que não utilizem os elevadores.

- Se porventura houver necessidade de atravessar uma região em chamas, devemos disponibilizar, orientar e usar toda a criatividade para que as pessoas envolvam o corpo com algum tecido molhado não-sintético.

- Este procedimento protegerá e evitará queimaduras, intoxicação e desidratação.

- É necessário que também orientemos com relação a proteção dos olhos e respiração, pois são extremamente sensíveis.

- Vale lembrar que a fumaça provocada pelo fogo é um inimigo cruel e nos atinge primeiro. Portanto devemos orientar de forma insistente para que usem máscara de proteção ou, no mínimo, uma toalha molhada no rosto.

Os sistemas de som e interfonia devem ser explorados ao máximo no plano de evacuação e devem ser verificados e mantidos em funcionamento de acordo com as recomendações do fabricante.

24.1.12. Sistemas e equipamentos de prevenção

Destinam-se a detectar o início do fogo e resfriá-lo. Os tipos são:

- Detector de fumaça;

- Detector de temperatura;

- Detector de fogo;

- Chuveiro automático: redes de pequenos chuveiros no teto dos ambientes;

- Dilúvio: gera um nevoeiro d'água;

- Cortina d'água: rede de pequenos chuveiros afixados no teto, alinhados para, quando acionados, formar uma cortina d'água;

- Resfriamento: rede de pequenos chuveiros instalados ao redor e no topo de tanques de gás, petróleo, gasolina e álcool. Geralmente são usados em áreas industriais;

- Halon: a partir de posições tomadas pelo Ministério da Saúde, o Corpo de Bombeiros tem recomendado a não utilização desse sistema, uma vez que seu agente é composto de CFC, destruidor da camada de ozônio.

Um completo sistema contra fogo é baseado em detectores de temperatura e fumaça, acionadores de pânico, placas de saída de emergência e sinais sonoros e visuais que são distribuídos de acordo com as necessidades de cada ambiente.

24.1.13. Alarme de Incêndio

- Os alarmes de incêndio podem ser manuais ou automáticos.

- Os alarmes são acionados automaticamente pelos detectores de fumaça, de calor ou de temperatura.

- O alarme deve ser audível em todos os setores da área abrangida pelo sistema de segurança.

- Periodicamente precisamos testa-los, seguindo as instruções do fabricante.

O trabalho dos profissionais de segurança privada precisa ser em conjunto com as equipes da Brigada de Emergência e Combate a Incêndio, que precede à chegada do Corpo de Bombeiros. A população da edificação deve ser constantemente treinada para que possa enfrentar uma situação emergencial, seja adotando as medidas preventivas para evitar o incêndio, seja adotando as primeiras providências no sentido de controlar o incêndio, ou mesmo abandonando o edifício de maneira rápida, eficiente e eficaz.

24.2. Emergência e Atendimento Pré-Hospitalar

24.2.1. ANÁLISE PRIMÁRIA E SECUNDÁRIA DA VÍTIMA

Primeiros socorros são as linhas de ação que, no caso de vítimas de acidentes ou mal súbito, se aplicadas imediatamente, poderão evitar o agravamento do quadro e as suas respectivas complicações, evitando inclusive a morte por asfixia, hemorragia ou choque. Até que possa receber assistência de um médico, perito no assunto, os preciosos momentos pelos quais passam pessoas gravemente traumatizadas, queimadas, em estado de choque ou qualquer outra emergência de saúde, são decisivos. Nesses momentos, o profissional de segurança, consciente de que não é um médico, mas talvez o único em condições psicológicas de prestar o atendimento inicial, deve usar todo o conhecimento adquirido na sua formação e com iniciativa, bom senso e discernimento, deverá proporcionar todos os cuidados básicos à vítima, com o máximo de velocidade, eficiência e eficácia.

24.2.2. CONDUTA NA PRESTAÇÃO DE PRIMEIROS SOCORROS

Raciocinar e agir com competência nos momentos mais críticos, nos momentos mais difíceis está dentro das principais características de um profissional de segurança privada. É importante que, com equilíbrio emocional, iniciemos o socorro com a avaliação das condições de segurança do local do acidente. Isso feito, para que sejamos eficientes e eficazes na prestação do primeiro socorro, é necessário que façamos uma rápida avaliação do acidentado. Em primeiro lugar, verificamos se o mesmo está totalmente consciente. Em segundo se o acidentado está inconsciente, mas respirando.

Em terceiro, se o acidentado não está respirando, mas se tem pulso; e, finalmente, se não tem pulso. É também fundamental que tenhamos em mente as principais medidas que devem ser adotadas no caso de vítimas de acidentes ou mal súbito. Entre as primeiras medidas destacaremos as quatro mais importantes:

- Remoção do acidentado;
- Posição correta;
- Respiração;
- Identificação das lesões.

24.2.3. TRANSPORTE DE FERIDOS

24.2.3.1. Remoção do acidentado:

É importante frisar que só devemos remover o acidentado se este estiver correndo risco de morte, se a remoção for imprescindível para a realização da reanimação cardiopulmonar ou, ainda, se houver uma hemorragia grave e o socorro de emergência demorar a chegar. Acidentados em estado grave, ou com alguma suspeita fundamentada devem ser removidos por profissionais habilitados. Entretanto, com bastante frequência e, muitas vezes de forma improvisada, por necessidade, por falta de meios ou mesmo por falta de opção, as vítimas de acidentes são transportadas por leigos.

Neste caso, todo o cuidado para não complicar o quadro já existente deve ser tomado. Portanto, em primeiro lugar, mantenha a calma. Nos acidentes de trânsito, quando o acidentado estiver preso às ferragens de um veículo, ou nos desabamentos, sob escombros, é importantíssimo que acionemos o Corpo de Bombeiros (193) no mais curto espaço de tempo, embora, como profissionais de segurança que somos, devamos avaliar as condições de segurança do local do acidente, para que não haja desdobramento dos riscos.

Enquanto aguardamos, devemos nos preocupar em facilitar sua respiração, estancar possíveis hemorragias e tranquilizá-lo trabalhando o seu lado psicológico, dando-lhe o máximo de conforto possível. O socorrista deve ser proativo, ou seja, deve fazer com que as coisas aconteçam, enfim, deve fazer tudo o que estiver ao seu alcance, mas nunca deve ultrapassar os limites do seu conhecimento. No caso dos acidentados, vítimas de incêndio, aspiração de fumaça, etc., a remoção deve ser imediata, pois apesar do risco existente no transporte, é fundamental para evitar a sua morte.

24.2.3.2. Posição correta:

Quando o acidentado estiver consciente, a posição ideal é o decúbito dorsal, ou seja, abdômen para cima e o corpo estendido no sentido horizontal. Nas lesões de tórax, de membros superiores e face é permitido que fiquem sentados, ou com a cabeça elevada, desde que não sofram desmaios. Vale ressaltar que a posição sentada, devido à ação da gravidade, favorece o desmaio e o choque. Quando o acidentado apresentar fraturas na mandíbula, nos ossos da face ou lesões na boca, é aconselhável que o coloquemos em decúbito ventral, ou seja, de bruços.

Quando o acidentado estiver inconsciente, mas sob controle, enquanto aguarda o socorro médico, devemos colocá-lo numa posição tecnicamente correta e confortável denominada posição de repouso ou recuperação. A posição permite a saída de qualquer líquido que, de alguma forma, venha a prejudicar sua respiração, reduzindo a possibilidade do acidentado aspirá-lo para os pulmões. Antes, porém, devemos afrouxar suas roupas e cintos, retirando óculos, próteses, relógio, cordões e qualquer outro objeto que possa causar desconforto. Estando o acidentado em decúbito dorsal (deitado de costas), esticaremos bem as suas pernas e inclinaremos sua cabeça para trás, erguendo, consequentemente, o seu queixo para cima. Como o objetivo é colocá-lo em decúbito lateral, devemos primeiro escolher o lado e nos posicionarmos, feito isto, dobraremos o braço correspondente ao lado escolhido, formando um ângulo reto, com a palma da mão voltada para cima. O outro braço do acidentado deverá ser colocado flexionado sobre o peito, com a palma da mão espalmada na lateral da sua face oposta. A mão do acidentado deverá ser mantida nesta posição pelo socorrista que, com a outra mão, empunhará com firmeza a coxa do acidentado (coxa oposta ao socorrista).

Deverá puxá-la com decisão, de uma só vez, para o seu lado com apenas um movimento. A perna que está por cima deverá ser flexionada com o objetivo de dar conforto e equilíbrio ao acidentado. A face do acidentado estará apoiada sobre a sua própria mão, portanto, acomode-a, preocupando-se com a inclinação da cabeça para trás, para facilitar a entrada de ar.

Enquanto aguardamos o socorro médico, é necessário que estejamos atentos à respiração e a pulsação, para agirmos prontamente, caso haja alguma necessidade.

24.2.3.3. Respiração

É importantíssimo observarmos a respiração do acidentado, principalmente quando estiver inconsciente. Primeiro, aproxime bem o rosto da boca do acidentado, e durante cinco segundos, observe o tórax e tente ouvir e sentir a respiração. Para verificar a pulsação, o melhor método é no pescoço (artérias carótidas). Para isso coloque dois dedos no pomo de Adão e deslize-os para trás, levemente contornando a laringe até encontrar uma cavidade, pressione durante cinco segundos. No caso de uma parada respiratória ou cárdio respiratória, precisamos proceder com a máxima urgência, a RCP (Reanimação Cardiopulmonar), manobra que alterna a respiração artificial com a compressão cardíaca. Vale lembrar que o risco de morte por asfixia é enorme, assim, todo o cuidado é pouco. A sensibilidade do socorrista para perceber possíveis problemas respiratórios é de suma importância para o êxito do socorro prestado a vítima. Respiração difícil, forçada, barulhenta ou mesmo imperceptível deve levantar uma imediata suspeita de problemas respiratórios. Evidentemente, como vimos anteriormente, as "posições corretas" ajudarão sensivelmente, no caso de uma obstrução respiratória, portanto, devemos limpar a boca do acidentado, deixando-a livre de qualquer coisa que possa prejudicar sua respiração, tais como sangue, vômito e secreções diversas. É claro que alguns cuidados precisam ser tomados para que consigamos efetuar uma boa limpeza. Entre o maxilar e a mandíbula devemos colocar um objeto firme e macio, de forma que consigamos eliminar tudo que esteja comprometendo a respiração do acidentado. Após a limpeza e desobstrução das vias aéreas, com todo o cuidado, devemos posicionar a cabeça do acidentado um pouco para trás, de forma que a respiração seja facilitada devido a própria anatomia.

24.2.3.4. Identificação das lesões

As lesões mais importantes que podemos detectar através dos sinais e sintomas apresentados pelo acidentado, e que podem causar a sua morte são: as fraturas de crânio e coluna vertebral, pois podem comprometer o sistema nervoso central, os ferimentos com hemorragia, a asfixia, a anemia aguda e o estado de choque. Portanto, devemos identificá-las o quanto antes para que tenhamos mais chances de êxito na prestação dos primeiros socorros. É fundamental que o socorrista sempre suspeite de lesão de medula espinhal ou fratura de coluna vertebral, assim, quando o acidentado estiver inconsciente e, principalmente, quando apresentar sangramento pelo ouvido ou nariz, deverá ser tratado como se de fato estivesse com a referida lesão, quando o acidentado relata paralisia ou dormência nos membros inferiores, os procedimentos devem seguir os mesmos critérios. No caso de ferimentos com hemorragia, é fácil identificarmos, pois as próprias vestes nos ajudam em razão das manchas de sangue. Simplesmente rasgamos o tecido próximo ao local manchado para localizarmos o ferimento. No caso da asfixia, podemos identificá-la rapidamente pela cianose pois, devido à falta de oxigênio, a face e os lábios do acidentado ficam roxos e, consequentemente, a inconsciência logo se instala. É importante fazermos perguntas para verificar o grau de consciência do acidentado. Observamos "quadro de asfixia", com bastante frequência, nos traumatismos de crânio, face, tórax e também nas queimaduras generalizadas. O choque e a anemia aguda apresentam quadros bastante semelhantes: o acidentado, normalmente ansioso e pálido, relata sentir muita sede, não consegue enxergar corretamente e seu pulso é fraco; relata também falta de ar e seu suor é frio e intenso. É importante que tenhamos consciência que estas lesões podem causar a morte do acidentado, entretanto, existem outras lesões que não causam morte imediata, mas podem ter graves consequências para o acidentado se não forem atendidas corretamente num primeiro momento.

24.2.4. ACIDENTES TRAUMÁTICOS E HEMORRÁGICOS

As fraturas de membros superiores e inferiores são evidenciadas pela deformação local, dificuldade de movimentos e dor ao menor toque. No caso de luxação, o acidentado fica incapacitado de executar qualquer movimento com o membro luxado pois a articulação encontra-se deformada e a dor é intensa, devido ao rompimento dos ligamentos, vasos, cápsula articular, etc. No caso de entorse, o acidentado apresenta bastante dificuldade para movimentar a articulação comprometida pois, apesar de não ser tão grave como a luxação, o edema é grande e o quadro álgico é intenso.

24.2.5.1. Descrição das lesões e medidas de emergência

As lesões podem ser produzidas, basicamente, por quatro agentes causadores, a saber: mecânico, físico, químico e biológico. Os traumatismos causados por cada agente possuem características próprias: mecânico (PAF – projétil de armas de fogo, martelo, faca, etc.), físico (eletricidade, calor, irradiação atômica), químico (ácidos, solventes, cloro, soda cáustica, etc.) ou, ainda, biológico (picada de animal venenoso, ingestão de planta tóxica).

24.2.5.1.1 Contusão

É o traumatismo produzido por uma lesão dolorosa, mas sem ruptura da pele, do tipo mancha escura (equimose) ou inchação (hematoma).

Medidas de emergência: Normalmente nas primeiras 22 ou 72 horas, dependendo da contusão, devemos aplicar gêlo; após este período, iniciamos um tratamento com calor. O repouso durante o tratamento é fundamental. Logicamente, o médico definirá as linhas de ação que deverão ser tomadas pelo acidentado.

Tipos de ferimentos:

Abrasão – A pele é raspada numa superfície áspera.

Incisão – Ferimento na pele por material cortante.

Laceração – Ruptura irregular da pele, geralmente levantando-a ou arrancando pedaços.

Perfuração – Ferimentos causados por pregos, facas, agulhas, etc.

PAF – Ferimentos por Projétil de Armas de Fogo.

24.2.5.1.2 Ferida

É o traumatismo produzido por uma lesão com ruptura da pele. As feridas superficiais são as escoriações ou arranhões que afetam apenas a epiderme. As feridas profundas são aquelas que provocam hemorragia, às vezes mortal, quando o coração ou outro órgão importante é atingido. Existem ainda as

feridas punctiformes (produzidas por prego), as feridas lineares (navalha) ou feridas irregulares (ferida do couro cabeludo, por queda).

Medidas de emergência: Todo e qualquer ferimento deve ser tratado com o máximo de atenção, pois, certamente, pode funcionar como uma porta de entrada para infecções. A contaminação através dos ferimentos pode ocorrer mais facilmente do que nós imaginamos. Pequenos corpos estranhos (espinhos, farpas de madeira, etc.) servem de veículo para infecções, inclusive o tétano. Os ferimentos mais susceptíveis as infecções e ao tétano são aqueles sujos de terra, fragmentos de roupa, etc., que devem ser lavados com água fervida se o socorro médico demorar. Pequenos ferimentos nos dedos, ou na mão, podem acarretar paralisia definitiva pois os nervos e os tendões são bastante superficiais. Se nos depararmos com um ferimento onde um corpo estranho, do tipo faca ou haste metálica, esteja cravado profundamente, é preferível não retirá-lo, pois poderemos causar a morte da vítima provocando uma grave hemorragia. Quando o corpo estranho estiver prejudicando a respiração, como no caso dos traumatismos da boca e nariz, devemos removê-lo. O uso do bom senso e do discernimento é fundamental para que tenhamos sucesso na prestação do socorro. Ferimentos profundos no tórax são sempre bastante graves, pois os pulmões ficam comprometidos, principalmente se o ferimento atingir suas membranas (pleuras). O ar penetra através do ferimento, causando um colapso do pulmão (pneumotórax). Enquanto aguardamos o socorro médico devemos, primeiro, tampar o ferimento com as mãos, imediatamente. Feito isto, o acidentado deverá ser colocado numa posição confortável, levemente inclinado para o lado do ferimento, para um melhor funcionamento do pulmão. O ferimento deverá ser coberto com uma gaze ou um pano bem limpo. Devemos, então, envolvê-lo com filmes plásticos. No caso dos ferimentos no abdômen, com hemorragia e exposição de órgãos internos, a situação é realmente muito grave, entretanto o mais comum são os ferimentos com sangramento interno, mais complicado de avaliarmos. Enquanto aguardamos o socorro, devemos manter o acidentado com os membros inferiores flexionados, em seguida colocamos uma gaze ou um pano bem limpo sobre o ferimento, prendendo-o bem com esparadrapo. Caso haja exposição de órgãos, não devemos tocá-los. Os órgãos devem ser cobertos por um filme plástico (de cozinha), ou mesmo por uma gaze esterilizada, molhada com soro fisiológico, com o objetivo de impedir que sequem. Se porventura o acidentado tossir, devemos pressionar o local do ferimento com firmeza, com o objetivo de impedir que os órgãos sejam expulsos para fora do abdômen. Devemos prevenir o choque, adotando as medidas preventivas.

24.2.5.1.3 Esmagamento

É comum, nos acidentes que envolvem veículos e nos desmoronamentos, depararmos com lesões gravíssimas denominadas esmagamento. O membro atingido pode, inclusive, se separar do corpo (amputação) ou mesmo sofrer uma trituração, levando o acidentado a um quadro de choque em razão de uma hemorragia com fratura exposta. É também bastante comum, nos depararmos com pequenos esmagamentos, nesses casos apenas os dedos, os pés e as mãos são afetados, assim a resposta orgânica do acidentado é menos complicada.

Medidas de emergência: O socorrista deve fazer a hemostasia (conter a hemorragia), evitando assim a anemia aguda e, consequentemente, o choque. Não podemos esquecer que o acidentado estará sujeito às infecções, sejam elas gangrenosas ou tetânicas.

24.2.5.1.4 Estado de Choque

Quando existir uma falha no funcionamento do sistema circulatório que, certamente, afetará a distribuição do sangue oxigenado ou, quando em razão de uma hemorragia ou uma diarreia grave, houver uma perda no volume do fluido que circula no organismo, poderemos nos deparar com um estado de choque. É evidente, também, que após um grave traumatismo, com hemorragia acentuada, queimadura generalizada, o estado psicológico do acidentado seja abalado, o que poderá levá-lo a um estado depressivo que denominamos estado de choque. O estado de choque pode ser diagnosticado através dos seguintes sinais e sintomas:

- Face pálida, lábios cianóticos (arroxeados) ou descorados, normalmente estes sinais são frequentes nos casos de hemorragia.

- Sudorese, suor frio e viscoso na face e no tronco.

- Tremores de extremidade, pele fria, principalmente nas extremidades dos membros superiores e inferiores (mãos e pés).

- Debilidade generalizada, prostração acentuada e voz fraca.

- Dispneia, disfunção respiratória (falta de ar) respiração rápida e ansiedade.

- Taquicardia, pulso fraco e rápido, Sede, principalmente se houver hemorragia.

- Consciência presente, embora debilitada em razão do estado emocional.

Medidas de emergência: É fundamental que o acidentado seja aquecido. Para isso devemos usar cobertores, roupas secas e, logicamente, remover toda e qualquer peça que porventura esteja molhada para não provocarmos o resfriamento do acidentado. Caso esteja consciente e sem vômitos, se tivermos condições, poderemos oferecer-lhe chá ou café quente, devemos simultaneamente trabalhar o seu lado psicológico, deixando-o tranqüilo, calmo e consciente de que o socorro médico está a caminho, convencendo-o sempre a ficar imóvel. Mesmo no caso dos queimados, observa-se um resfriamento das extremidades do paciente, o que leva à necessidade de aquecê-lo. O aquecimento do acidentado, no entanto, não deve provocar sudorese.

24.2.5.1.5 HEMORRAGIA

Quando a perda sanguínea, em razão de uma hemorragia, através de um ferimento ou pelos orifícios naturais (como as narinas) ultrapassar 500g no adulto, teremos grandes chances de nos depararmos com um quadro de anemia aguda, cujos sinais e sintomas se assemelham aos do choque:

face pálida, relato de sede pelo acidentado, visão embaçada e escura, pulso fraco, lábios cianóticos, dispneia, falta de ar e desmaios. A hemorragia venosa caracteriza-se pelo sangue escuro, que brota lentamente, mas de forma contínua. A hemorragia arterial caracteriza-se pelo sangue vermelho vivo, expulso em jatos fortes e de forma intermitente.

Medidas de emergência: Enquanto encaminhamos o acidentado para o hospital ou aguardamos o atendimento médico de emergência, devemos pressionar o ferimento, com um pano bem limpo, por aproximadamente 10 (dez) minutos, tempo aproximado para a formação do coágulo. Se for possível devemos manter o membro ferido acima da altura do coração. É importante lembrar que se o sangue ensopar o pano, não devemos retirá-lo, mas sim colocar um outro pano por cima e continuar a pressão. Caso não haja pano, devemos fazer a pressão com as mãos sobre o ferimento, se não for possível, devemos apertar dos lados, fechando-os com os dedos. Se, ainda assim, não conseguirmos estancar a hemorragia, devemos fazer uma pressão indireta (pressão nas artérias). O famoso, mas antigo e "ultrapassado" processo do garrote/torniquete deve ser evitado, contudo, após todas as tentativas se, de todas as formas, não conseguirmos estancar a hemorragia, sabedores que segurança é prevenção, utilizaremos o "ultrapassado" processo em questão, que consiste em envolvermos um cinto, gravata ou algo parecido a aproximadamente quatro dedos acima do ferimento e, com o auxílio de uma alavanca, pressionaremos gradativamente o local próximo ao ferimento, até que haja a hemostasia. Todo o cuidado deve ser tomado, pois se exagerarmos no aperto, poderemos causar sérios danos aos nervos e até mesmo, gangrena.

Iniciativa, bom senso e discernimento são as principais características de um profissional de segurança privada e devem ser utilizadas, principalmente nos momentos mais críticos. Na hemorragia pelas narinas, basta comprimir com o dedo, externamente, a asa do nariz.

24.2.5.1.6 Queimadura

Queimaduras são lesões produzidas pelo calor, sobre a superfície do corpo. A queimadura pode ser localizada ou generalizada, depende apenas do grau de extensão. As queimaduras estão entre os acidentes que ocorrem com maior frequência e que também causam as mais graves lesões. Mesmo quando superficiais, podem acarretar complicações se a área atingida for muito extensa. A queimadura também é classificada de acordo com a profundidade, assim, temos as queimaduras de primeiro, segundo e terceiro graus. Quando as queimaduras atingem trinta por cento da superfície do corpo, principalmente do tronco, com agravante nas crianças, fica-se sujeito ao choque e mesmo à morte. As queimaduras de primeiro grau, também chamadas de eritema, são as mais simples. São aquelas queimaduras leves e superficiais, que alcançam somente a epiderme. São aquelas lesões produzida pelo calor que deixam a pele vermelha e ardida. Um bom exemplo são as lesões produzidas pelo sol, quando ficamos expostos sem protetor solar. As queimaduras de segundo grau, também chamadas flictena, não são tão simples, pois formam bolhas que podem infeccionar. São as que alcançam toda a epiderme e, parcialmente, a derme, costumam ser dolorosas e causam sempre preocupação devido à possibilidade de infecção quando as mesmas se rompem. Nas queimaduras de terceiro grau, ou escara, observamos a destruição da pele e tecidos subjacentes. A lesão transforma-se aos poucos numa ulceração sangrante e, depois, em grande cicatriz. O tratamento local da queimadura grave é menos importante que prevenir complicações que podem ser fatais, entre elas o choque e as infecções generalizadas.

Conclusão

Esta Apostila tem como objetivo conscientizar o Especialista em Segurança para Grandes Eventos, do seguinte fato: Reciclagem não é treinamento; treinamento é algo que deve acontecer diariamente, de forma insistente e persistente. Uma boa formação também não é suficiente. É necessário que o vigilante entenda que após o curso é que a verdadeira formação tem início; portanto, deverá transformar tudo aquilo que aprendeu na teoria em ação. Sun Tzu dizia "Se queres a paz prepara-te para guerra." É necessário que estejamos sempre preocupados com o nosso preparo individual; com a "nossa qualificação" dia após dia. Só assim teremos vantagem competitiva neste mercado de trabalho; seremos as melhores opções para aqueles que estão nos selecionando. Para fecharmos, gostaria de reiterar que equilíbrio emocional e qualidade comportamental são necessidades estratégicas em segurança privada; iniciativa, bom senso e discernimento são as principais características de um profissional de segurança privada, e, ler, argumentar e construir textos, são hoje três exigências que se fazem de qualquer vigilante que pretende ingressar numa grande empresa de segurança privada ou mesmo numa multinacional.

O Curso de Extensão em Segurança para Grandes Eventos é um planejamento de "Segurança com Qualidade" para os Grandes Eventos que ocorrerão no Brasil, passando pela Jornada Mundial da Juventude, Copa das Confederações, Copa do Mundo e Jogos Olímpicos de 2016, além de outros inúmeros eventos internacionais e, planejamento, é uma atividade coletiva, cujo produto é a satisfação do Cliente. Este Curso de Extensão possui uma boa relação Custo/Benefício e busca conquistar, principalmente, a FIFA (Fédération Internationale de Football Association) e o COI (Comitê Olímpico Internacional), e, consequentemente, os Empresários do Segmento Segurança Privada, e, conquistar estes Clientes, é SUCESSO GARANTIDO!!!.

Oração do Vigilante

*Senhor... Ajuda-me a "Vigiar", como se tudo dependesse
de mim, e a "Orar", como se tudo dependesse de Vós.
Dá-me Equilíbrio Emocional e Qualidade Comportamental, para
que eu consiga fazer simplesmente o que é certo.
Ajuda-me a compreender que Segurança é Prevenção, e que minha
Missão é Administrar Conflitos e Problemas; nunca criá-los.
Senhor... Se me dás Sabedoria, não permita que o meu temor a Ti diminua.*

*Se me dás Sinceridade, não permita que eu me ache o dono da verdade.
Se me dás Humanidade, não permita que eu me ache melhor do
que os outros, mas, seja o melhor para os outros.
Se me dás Coragem, preserve o medo suficiente para que
eu não me torne um louco.
Se me dás Força, não tires o meu raciocínio.
Meu Deus... Se me dás Sucesso, peço-Vos, "Não me tires a Humildade".
Se me dás a Humildade, imploro-Vos, "Não me tires a Dignidade".
Se me dás Exigência, ajuda-me a entender que palavras convencem
pessoas, mas os exemplos arrastam multidões.*

*Senhor... Ajuda-me a perceber o que há nas entrelinhas, a enxergar
o invisível, a ouvir o inaudível; o que está dentro do coração e da mente das pessoas.
Ensina-me a amar os outros como a mim mesmo; não deixe
Senhor, que eu me torne orgulhoso na vitória, tampouco desequilibrado na derrota.
Ensina-me que Perdoar é um sinal de Grandeza, e que Não
Perdoar é um sinal de Mediocridade.
Senhor... Se não me deres a Paz, prepara-me para a Guerra.
Ajuda-me a entender que o pior doente é aquele que considera
saúde, sua própria enfermidade.*

*Ensina-me que a Tolerância é o mais alto grau da Força, e que o
desejo de vingança é a primeira manifestação de debilidade;
assim, dá-me Iniciativa, Bom Senso e Discernimento para
que eu consiga raciocinar e agir com competência nos
momentos mais críticos, nos momentos mais difíceis.*

*Meu Deus... Se me despojares do dom da Saúde,
deixa-me Senhor, a graça da Fé.
Se eu ofender ou causar dano a alguém, dá-me
a "Força da Desculpa". E se alguém me causar dano ou me
ofender dá-me a "Força do Perdão" e da "Clemência".
Meu Senhor e meu Deus... Se por algum motivo eu me
esquecer de Ti, nunca Te esqueças de mim!*

Amém.